中等职业教育
财经类改革创新示范教材

企业纳税核算与申报

◎ 邹春梅 梁延萍 主编 ◎ 程琨 副主编

人民邮电出版社
北京

图书在版编目（CIP）数据

企业纳税核算与申报 / 邹春梅，梁延萍主编. -- 北京：人民邮电出版社，2014.11
中等职业教育财经类改革创新示范教材
ISBN 978-7-115-35239-2

Ⅰ. ①企… Ⅱ. ①邹… ②梁… Ⅲ. ①企业管理－税收会计－中等专业学校－教材②企业管理－税收管理－中国－中等专业学校－教材 Ⅳ. ①F275.2②F812.423

中国版本图书馆CIP数据核字(2014)第128916号

内容提要

本书以企业税收业务处理的工作过程为导向，根据各涉税业务的基本原理和流程，从理论到实务对企业纳税核算与申报进行了全面的介绍。本书根据税收业务的工作流程创设学习情境，共设计了5个模块、11个项目，包括税务开业登记、增值税一般纳税人认定、申购发票等税收业务的办理，增值税、消费税、营业税、企业所得税、个人所得税、城建税及教育费附加等的核算和纳税申报，每个税种下设置了业务核算和纳税申报两大类工作任务。

本书既可作为中等职业学校财经专业的教学用书，也可作为在职人员培训用书或自学财会知识用书。

◆ 主　　编　邹春梅　梁延萍
副 主 编　程　琨
责任编辑　刘　琦
责任印制　杨林杰

◆ 人民邮电出版社出版发行　　北京市丰台区成寿寺路 11 号
邮编　100164　　电子邮件　315@ptpress.com.cn
网址　http://www.ptpress.com.cn
三河市中晟雅豪印务有限公司

◆ 开本：787×1092　1/16
印张：11.5　　2014 年 11 月第 1 版
字数：258 千字　　2014 年 11 月河北第 1 次印刷

定价：26.00 元

读者服务热线：(010)81055256　印装质量热线：(010)81055316
反盗版热线：(010)81055315
广告经营许可证：京崇工商广字第 0021 号

前 言

PREFACE

企业办理涉税业务是企业的一项重要工作，不仅要求企业办税人员掌握国家相关税收政策和制度，及时办理税收业务，而且要求办税人员能熟练运用会计准则对涉税业务进行会计核算。基于企业对办税人员的职业能力要求，结合中职学生的认知规律和技能型人才培养目标，我们编写了这本《企业纳税核算与申报》教材。

本书依据《中华人民共和国税收征收管理法》、《中华人民共和国增值税暂行条例》、《中华人民共和国企业所得税法》等税收法律制度的规定，以《企业会计准则》为主要会计处理依据，对《小企业会计准则》的会计处理要求以知识拓展的方式进行编写。本书对企业办税业务的典型工作任务进行了分析，以企业办税业务处理的工作过程为导向，准确、清晰地展示了办税业务的操作过程，并将办税业务涉及的相关税收理论以知识库的形式呈现出来，便于学习者在操作过程中查阅、学习。

本书主要有以下特点。

1. 流程指引清晰，便于学习。

本书以某企业经营涉税业务活动办理的全过程为主线，清晰描述了企业常见税种的相关基础理论，每一业务的操作流程都基于企业涉税业务处理的基本工作流程进行设计，步骤明了，便于操作学习。

2. 内容定位准确，层次清晰。

本书理论知识以“够用”为原则，只对日常常用的相关税收理论及政策进行介绍，并通过针对性较强的案例辅助解读。对于学习情境中各税种的介绍均分为知识引导、操作运用和实训体验三部分，便于采用“做中学”的教学方法，使学习者在清晰的操作流程指导下完成任务，在任务完成的过程中学习相关的税法理论及政策，再通过针对性实训体验，对所学知识进行巩固和内化。

3. 体例活跃，仿真性强。

本书重视职业情境的创设，运用了大量的图片、账表，学习素材真实、丰富，有利于提高学生的学习兴趣。

本书由广州市商贸职业学校邹春梅、广州市旅游商务职业学校梁延萍担任主编，广州市幼儿师范学校程琨担任副主编，广州市旅游商务职业学校陈建新、广州市商贸职业学校邵燕珠、肖英姿、杨金凤、张爱芬、王立奋参与编写。另外，广州熠升财务咨询服务有限公司王碧娟董事长、广州创裕财税咨询有限公司周小燕总经理对本书进行了业务指导。

由于编者水平和经验有限，书中难免有欠妥和错误之处，恳请读者批评指正。

编者

2014年6月

目 录

CONTENTS

1 模块1 认知税收 ……… 1
项目 认知税收 ……… 1
学习目标 ……… 1
知识引导 ……… 1
活动描述 ……… 5
活动指导 ……… 5

2 模块2 新设企业主要涉税业务办理 ……… 6
项目1 开业税务登记办理 ……… 6
学习目标 ……… 6
知识引导 ……… 7
活动描述 ……… 7
活动指导 ……… 8
项目2 增值税一般纳税人资格认定 ……… 13
学习目标 ……… 13
知识引导 ……… 13
活动描述 ……… 14
活动指导 ……… 14
项目3 发票申购 ……… 16
学习目标 ……… 16
知识引导 ……… 16
活动描述 ……… 18
活动指导 ……… 18
实训体验 ……… 22

3 模块3 流转税的核算和申报 ……… 25
项目1 增值税的核算和申报 ……… 25
学习目标 ……… 25
知识引导 ……… 26
任务1 增值税业务核算 ……… 35
任务2 增值税纳税申报 ……… 45

目 录
CONTENTS

项目2 消费税的核算和申报……61
学习目标……61
知识引导……62
任务1 消费税业务核算……67
任务2 消费税纳税申报……71
项目3 营业税的核算和申报……74
学习目标……74
知识引导……75
任务1 营业税业务核算……80
任务2 营业税纳税申报……83
实训体验……87

4 **模块4 所得税的核算和申报**……101

项目1 企业所得税的核算和申报……101
学习目标……101
知识引导……101
任务1 企业所得税业务核算……113
任务2 企业所得税预缴申报（查账征收方式）……115
任务3 企业所得税年度申报和汇算清缴……122
项目2 个人所得税的核算和申报……134
学习目标……134
知识引导……134
任务1 工资薪金个人所得税纳税业务核算……140
任务2 个人所得税代扣代缴申报……143
任务3 个人所得税自行纳税申报……148
实训体验……151

5 **模块5 其他税种的核算和申报**……158

项目1 城市维护建设税和教育费附加的核算和申报……158
学习目标……158
知识引导……158

目 录
CONTENTS

任务1　城建税及教育费附加的业务核算......161
任务2　城建税、教育费附加的纳税申报......162
项目2　房产税、车船税、印花税的核算和申报......166
学习目标......166
知识引导......166
任务1　房产税、车船税的业务核算和申报......172
任务2　印花税业务处理......175
实训体验......176

模块1 认知税收

著名政治家富兰克林曾经说过："人生中只有两件事不可避免，那就是死亡和纳税。"想想看，我们每个人一来到这个世界上，税收就与我们的日常生活息息相关，形影不离。

就拿我们日常的衣、食、住、行来说吧。

衣，在我们买的衣服中，所付的价款就包含着税款，即使是妈妈亲手缝制的衣服，那些所买的布和线也是纳过税的。

食，我们吃的米、面、油、盐、酱、醋，在购买时也含着税款。

住，我们卖房时要缴税、购房时也同样要缴税。

行，我们出行乘坐各种交通工具，买票时就包含税款，即使是咱们的私家车，加油时也同样缴纳了税款。

在日常生活中，我们还能处处感受到税收带来的便利。我们游玩的公园，美丽的校园，我们上学走的路，马路上一排排的路灯，这些公共设施大多是用税收建造的；还有我们享受的义务教育，也是税收的功劳。

项目 认知税收

学习目标

1. 能描述税收的概念及税收要素
2. 能说出现行税制的分类及纳税人的主要办税业务
3. 培养自觉纳税的公民社会责任感

知识引导

1. 税收基本知识

（1）税收的概念和特征。税收是政府为满足社会公共需要，凭借政治权力，强制、无偿地取得财政收入的一种形式。税收具有无偿性、强制性和固定性等特征。

（2）税收制度。税收制度简称税制，是指国家制定的，用以调整国家与纳税人之间在纳税方面的权利及义务关系的法律规范的总称。任何税收制度都必须通过明确规定各种税制要素来规范国家和社会各单位及个人之间的税收征纳关系。税制要素又称“税收要素”，是指构成一种税收制度的基本要素，主要包括纳税人、征税对象、税率、纳税环节、纳税期限、减税、免税和纳税地点等。税收制度构成要素如表 1-1 所示。

表 1-1　　税制构成要素

序号	税制要素	概　念
1	纳税人	直接负有纳税义务的单位和个人
2	征税对象	征纳双方权利义务共同指向的目的物或行为，即对什么征税
3	税　率	对征税对象的征收比例或征收额度
4	纳税环节	征税对象从生产到消费的流转过程中应当缴纳税款的环节
5	纳税期限	关于税款缴纳时间方面的限定
6	减税、免税	对某些纳税人和征税对象给予鼓励和照顾的特殊规定
7	纳税地点	纳税人的具体纳税地点

2. 我国现行的税收制度

（1）我国税收制度的分类。

① 按征税对象划分。根据征税对象不同，我国现行税种可分为流转税、所得税、资源税、财产税和行为税，具体内容如表 1-2 所示。

表 1-2　　按征税对象划分的税种

类别	含　义	主要税种
流转税	这是指以纳税人商品生产、流通环节的流转额或数量以及非商品交易的营业额为征税对象的一类税收	增值税、消费税、营业税、关税
所得税	这是指国家对法人、自然人或其他经济组织在一定时期内的各种所得征收的一类税收	企业所得税、个人所得税
资源税	这是以各种应税自然资源为课税对象，为了调节资源级差收入并体现国有资源有偿使用而征收的一类税收	资源税、土地增值税、城镇土地使用税等
财产税	这是以纳税人所有或属其支配的财产为课税对象的一类税收	房产税、车船税等
行为税	这是以纳税人的某些特定行为为课税对象的一类税收	印花税、契税等

② 按税率形式划分。税率是税额与课税对象之间的数量关系或比例关系，是应纳税额计算的尺度。它主要解决征多少税的问题，体现着征税的深度，反映国家有关的经济政策。税率的高低，直接关系到国家的财政收入和纳税人的税收负担，是税收制度的中心环节。

我国税法按税率形式可分为 3 种，具体内容如表 1-3 所示。

（2）我国的税收征收管理部门。税务机关是主管我国税收征收管理工作的部门。由于我国采用的是分税制，为保证中央与地方的财政收入，国家按税种分设了国家税务局和地方税务局，分别负责中央税、中央与地方共享税和地方税的征收管理工作，从而形成了国家税务局和地方税务局相对独立的税收管理组织体系。国家税务总局是我国税务管理工作的最高职能机构，代表国家实施税务管理的职能。

表 1-3 按税率形式划分的税种

类别	含义	主要税种
比例税率	对同一征税对象，不分数额大小，规定相同的征收比例	增值税、营业税、企业所得税等
定额税率	按征税对象确定的计算单位，直接规定一个固定的税额	车船税、城镇土地使用税等
累进税率	按征税对象数额大小分成若干等级，每一等级由低到高规定税率	个人所得税、土地增值税

目前我国的税收管理部门主要有各级国家税务局（简称国税局）、各级地方税务局（简称地税局）、各级财政部门及海关系统，它们各自负责征收的管理范围如表 1-4 所示。

表 1-4 税收征收管理范围

征管机关	征管税种
各级国家税务机关	增值税、消费税、车辆购置税、营业税（铁路、银行总行及保险总公司集中缴纳的营业税）、企业所得税等
各级地方税务机关	营业税、城建税（国税局征收的除外）、企业所得税、个人所得税、资源税、城镇土地使用税、土地增值税、房产税、车船税、印花税等
海　关	关税、进口环节增值税及消费税等
各级财政部门	大部分地区的地方附加、契税、耕地占用税

知识拓展

根据《国家税务总局关于调整新增企业所得税征管范围问题的通知》（国税发［2008］120 号）第一条基本规定：以 2008 年为基年，2008 年底之前国家税务局、地方税务局各自管理的企业所得税纳税人不作调整。2009 年起新增企业所得税纳税人中，应缴纳增值税的企业，其企业所得税由国家税务局管理；应缴纳营业税的企业，其企业所得税由地方税务局管理。

3. 纳税人主要涉税业务

根据我国税收征收管理制度规定，纳税人需要办理的主要涉税业务有如下几个方面。

（1）税务登记。这是指税务机关根据税法规定，对纳税人的生产、经营活动进行登记管理并据此对纳税人实施税务管理的一项法定制度，也是纳税人依法履行纳税义务的法定手续。税务登记的种类包括开业登记、变更登记、停业复业登记和注销登记等，如表 1-5 所示。

表 1-5　　税务登记种类一览表

税务登记种类	适用情形
开业登记	从事生产、经营的纳税人应当自领取营业执照之日起 30 日内向所在地税务机关申请办理税务登记
变更登记	从事生产、经营的纳税人，税务登记内容发生变化的，自工商行政管理机关办理变更登记之日起 30 日内或者在向工商行政管理机关申请办理注销登记前，持有关证件向税务机关申报办理变更税务登记
停业复业登记	实行定期定额征收方式的纳税人，在营业执照核准的经营期限内需要停业的，应当向税务机关提出停业登记 纳税人停业结束，准备恢复生产、经营，应当于恢复生产、经营前，向税务机关提出复业登记申请，经确认后，办理复业登记
注销登记	纳税人发生解散、破产、撤销以及其他情形，依法停止纳税义务的，应在向工商行政管理机关办理注销登记前，或按规定不需要在工商行政管理机关办理注销登记的，应当自有关机关批准或者宣告终止之日起 15 日内，持有关证件向原税务登记机关申报办理注销税务登记

（2）发票申购。纳税人办理税务登记后，按照发票管理制度的规定，购买、使用发票，并建立内部发票管理制度，包括发票申请、发票领购和发票代开等业务。

符合一般纳税人资格条件的纳税人应在办理税务登记后，先申请办理一般纳税人资格认定手续，方可办理申购发票的涉税业务。

（3）税款申报及缴纳。纳税申报是指纳税人按照税法规定的期限和内容向税务机关提交有关纳税事项书面报告的法律行为，是纳税人履行纳税义务、承担法律责任的主要依据，是税务机关税收管理信息的主要来源和税务管理的一项重要制度，包括纳税申报和税款缴纳。

① 纳税申报。这是指纳税人按期如实向主管税务机关进行纳税申报，报送有关申报资料和会计报表。纳税申报的主要方式如表 1-6 所示。

表 1-6　　纳税申报的主要方式

申报方式	适合对象
邮寄申报	纳税人到主管国家税务机关办理纳税申报有困难的，经主管国家税务机关批准，可以采取邮寄申报，以邮出地的邮戳日期为实际申报日期，并以邮政部门收据作为申报凭据
数据电文申报	数据电文申报是指税务机关确定的电话语音、电子数据交换和网络传输等电子方式，包括网上申报纳税和电话申报纳税。一般适用于会计核算健全、财务管理规范、实行查账征收方式，且有电传条件的纳税人
上门申报	这种方式适合全体纳税人。纳税人、扣缴义务人、代征人在纳税申报期限内到主管国家税务机关办理纳税申报、代扣代缴、代收代缴税款或委托代征税款报告等
简易申报	实行定期定额缴纳税款的纳税人，向税务登记申请办理采用“缴税一卡通”手续后，均可采用本申报方式
现场申报	对临时取得应税收入以及在市场内从事经营的纳税个人，经主管国家税务机关批准，可以在经营现场口头向主管国家税务机关（人员）申报

② 税款缴纳。这是指纳税人、扣缴义务人依照国家法律、行政法规的规定将实现的税款依法通过不同方式缴纳入国库的过程。税款缴纳的主要方式如表 1-7 所示。

表 1-7　　税款缴纳的主要方式

缴纳方式	适合纳税人	税款缴纳手续
自核自缴	生产经营规模较大，财务制度健全，会计核算准确，一贯依法纳税的企业	企业依照税法规定，自行计算应纳税款，自行填写、审核纳税申报表，自行填写税收缴款书，自行到开户银行解缴应纳税款，并按规定向主管国家税务机关办理纳税申报并报送纳税资料和财务会计报表
申报核实缴纳	生产经营正常，财务制度基本健全，账册、凭证完整，会计核算较准确的企业	企业依照税法规定计算应纳税款，自行填写纳税申报表，按照规定向主管国家税务机关办理纳税申报，并报送纳税资料和财务会计报表。经主管国家税务机关审核，并填写税收缴款书，纳税人按规定期限到开户银行缴纳税款
申报查定缴纳	财务制度不够健全，账簿凭证不完备的固定业户	经主管国家税务机关审查测定或实地查验后，填写税收缴款书或者完税证，纳税人按规定期限到开户银行或者税务机关缴纳税款
定额申报缴纳	生产经营规模较小，确无建账能力或者账证不健全，不能提供准确纳税资料的固定业户	按照国家税务机关核定的营业（销售）额和征收率，按规定期限向主管国家税务机关申报缴纳税款

（4）纳税检查。纳税人按照税务机关的要求，进行纳税自查、接受税务机关定期或不定期的检查。

活动描述

以滨海市百里香酒业有限公司报税员身份，说出本公司新成立时应办理的主要涉税业务，以及公司成立后日常应办理的涉税业务。

活动指导

1. 访问本地区国家税务局网站，查看国家税务局征税税种及到本地区的国家税务局办税大厅，感受办税场景。

2. 访问本地区地方税务局网站，查看地方税务局征税税种及到本地区的地方税务局办税大厅，感受办税场景。

模块2 新设企业主要涉税业务办理

企业新设立时的一般工作步骤主要如下。

（1）确定经营场所，拟订公司章程，新公司命名及办理名称核准手续。

（2）开设银行临时账户，投资各方按规定缴足出资额，并聘请会计师事务所出具验资报告。

（3）到工商行政管理局申请办理工商注册登记，随后到所在地县、市以上公安机关办理企业刻制印章备案登记。

（4）到当地质量技术监督部门申办组织机构代码证后，方可办理后面的税务登记证、银行基本户开户手续。

（5）到当地税务机关申请办理税务登记证。

（6）到银行开设企业基本账户及其他账户，办理完开户许可证后可将注册资本金划转到基本账户。

（7）纳税人自领取税务登记证件之日起 15 日内应向税务机关报备财会制度。

（8）向所在税务局申领发票领购簿。企业申购发票时，必须向税务机关出具《发票购用印制簿》。

（9）申购发票，企业开始实际经营运转。

本模块主要介绍企业新设立时的涉税业务，其主要涉税业务办理流程如图 2-1 所示。

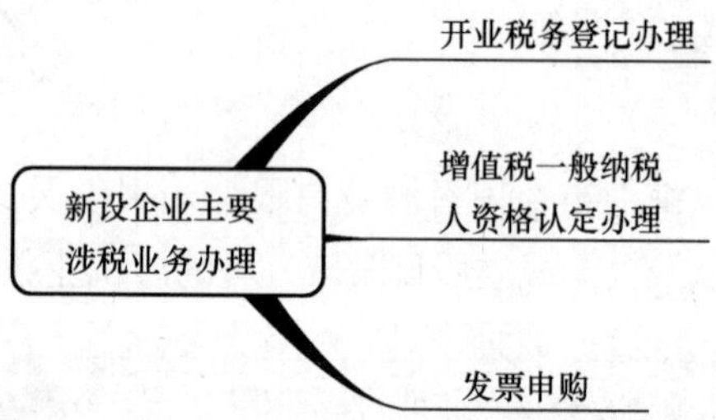

图 2-1　新设企业主要涉税业务办理学习导航图

项目 1　开业税务登记办理

学习目标

1. 说出办理开业税务登记应提供的材料
2. 会办理开业税务登记相关业务流程
3. 会与税务机构沟通协调，培养良好的表达、沟通和协调能力

知识引导

开业税务登记又叫初始登记，是指从事生产、经营的纳税人自领取营业执照或非从事生产、经营的纳税人自有关部门批准或依照法律、行政法规规定成为纳税人后到税务机关进行首次税务登记。

从事生产、经营的纳税人，应当自领取营业执照之日起 30 日内，持有关证件、资料，向生产、经营地或者纳税义务发生地的主管税务机关申报办理税务登记，流程如图 2-2 所示。

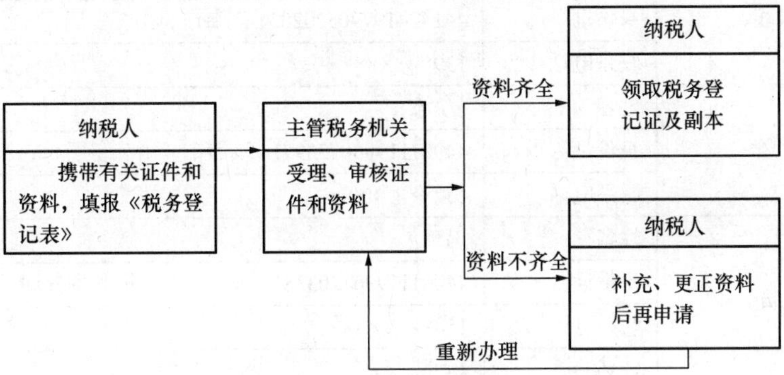

图 2-2　开业税务登记流程

活动描述

滨海市百里香酒业有限公司于 2012 年 2 月 1 日取得工商营业执照后前往税务机关办理开业登记。滨海市百里香酒业有限公司基本资料如表 2-1 所示。

表 2-1　滨海市百里香酒业有限公司基本情况

企业名称	滨海市百里香酒业有限公司
企业类型	有限责任公司
主　营	生产、销售白酒
兼　营	酒吧
注册资本	人民币 200 万元
住址、邮编	滨海市沿江二路 1 号，505095
电　话	0515-83340415
开户银行、账号	工行沿江支行，12462489720346248972
营业执照号	330104000065709
组织机构代码证号	661014223
从业人数	123 人
经营期限	2012.2.1～2022.1.31

续表

股东情况	姓名	顾明伟（自然人）
	证件号码	441424197705202051
	地址	南国花园小区 30 号
	出资比例	90%
	姓名	滨海市农发有限公司（法人）
	证件号码	330104002243556
	地址	滨海市朝阳路 5 号
	出资比例	10%
法人代表	姓名	顾明伟
	身份证	441424197705202051 滨海市灵山公安局
	联系电话	139××××××××
会计主管	姓名	夏 添
	身份证	440011198507259714 滨海市灵山公安局
	联系电话	137××××××××
会 计（兼办税员）	姓名	冯东灵
	身份证	440011199012033824 滨海市公安局光华分局
	联系电话	158××××××××
出 纳	姓名	高 部
	身份证	440011198204120089 滨海市公安局光华分局
	联系电话	180××××××××

活动指导

【步骤 1】填写《税务登记表》。

办理税务登记首先要填写《税务登记表》，（见表 2-2），《税务登记表》可以到办税大厅索取或在主管税务机关网站下载。

表 2-2 **税务登记表（适用单位纳税人）**

填表日期 2012 年 2 月 2 日

纳税人识别号：__________

纳税人名称：滨海市百里香酒业有限公司

<table>
<tr><td colspan="2">登记注册类型</td><td colspan="3">有限责任公司</td><td>批准设立机关</td><td colspan="2">滨海市工商局</td></tr>
<tr><td colspan="2">组织机构代码</td><td colspan="3">661014223</td><td>批准设立证明或文件号</td><td colspan="2">330104000065709</td></tr>
<tr><td>开业（设立）日期</td><td>2012.2.1</td><td>生产经营期限</td><td>2012.2.1~2022.1.31</td><td>证照名称</td><td>企业法人营业执照</td><td>证照号码</td><td>330104000065709</td></tr>
<tr><td>注册地址</td><td colspan="2">滨海市沿江二路 1 号</td><td colspan="2">邮政编码</td><td>505095</td><td>联系电话</td><td>0515-83340415</td></tr>
</table>

续表

生产经营地址	滨海市沿江二路1号	邮政编码	505095	联系电话	0515-83340415
核算方式	☑独立核算 □非独立核算		从业人数	123 其中外籍人数 0	
单位性质	☑企业 □事业单位 □社会团体 □民办非企业单位 □其他				
网站网址		国标行业			
适用会计制度	☑企业会计制度 □小企业会计制度 □金融企业会计制度 □行政事业单位会计制度				
经营范围： 生产、销售白酒，兼营酒吧		请将法定代表人（负责人）身份证件复印件粘贴在此处.			

项目内容 联系人	姓 名	身份证件		固定电话	移动电话	电子邮箱
		种类	号码			
法定代表人（负责人）	顾明伟	身份证	441424197705202051	0515-83340415	139××××××××	
财务负责人	夏 添	身份证	440011198507259714	0515-83340415	137××××××××	
办税人	冯东灵	身份证	440011199012033824	0515-83340415	158××××××××	

税务代理人名称	纳税人识别号	联系电话	电子邮箱

注册资本或投资总额	币种	金额	币种	金额	币种	金额
2 000 000.00	人民币	2 000 000.00				

投资方名称	投资方经济性质	投资比例	证件种类	证件号码	国籍或地址
顾明伟	自然人	90%	身份证	441424197705202051	南国花园小区30号
滨海市农发有限公司	法人	10%	营业执照	330104002243556	滨海市朝阳路5号

自然人投资比例	90%	外资投资比例		国有投资比例	

分支机构名称	注册地址	纳税人识别号

总机构名称		纳税人识别号	
注册地址		经营范围	

续表

<table>
<tr><td>法定代表人姓名</td><td></td><td>联系电话</td><td></td><td>注册地址邮政编码</td><td></td></tr>
<tr><td rowspan="4">代扣代缴、代收代缴税款业务情况</td><td colspan="3">代扣代缴、代收代缴税款业务内容</td><td colspan="2">代扣代缴、代收代缴税种</td></tr>
<tr><td colspan="3"></td><td colspan="2"></td></tr>
<tr><td colspan="3"></td><td colspan="2"></td></tr>
<tr><td colspan="3"></td><td colspan="2"></td></tr>
<tr><td colspan="6">附报资料:
例：营业执照副本复印件、组织机构代码证副本复印件、法人身份证复印件</td></tr>
<tr><td colspan="2">经办人签章：
冯东灵
2012 年 2 月 2 日</td><td colspan="2">法定代表人（负责人）签章：
顾明伟
2012 年 2 月 2 日</td><td colspan="2">纳税人声明：本表内容真实、可靠、完整。如有虚假，愿意承担相应法律责任。
2012 年 2 月 2 日</td></tr>
</table>

【步骤 2】递交材料。

纳税人办理设立登记时应提供以下证件、资料。

（1）营业执照（见图 2-3）或其他核准执业证件及工商登记表，或其他核准执业登记表复印件。

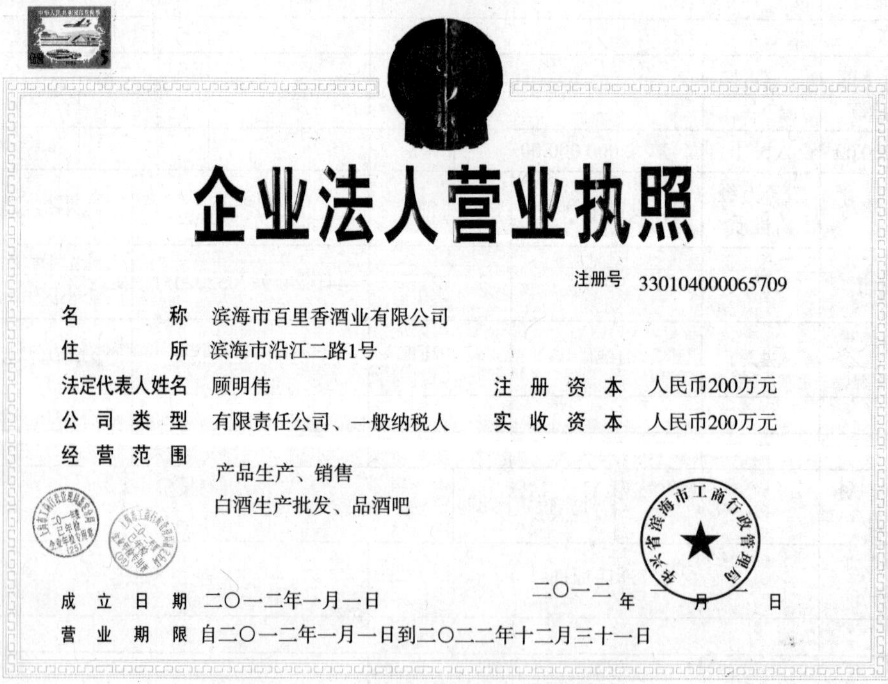

企业法人营业执照

注册号 330104000065709

名　　称　滨海市百里香酒业有限公司

住　　所　滨海市沿江二路1号

法定代表人姓名　顾明伟　　注 册 资 本　人民币200万元

公 司 类 型　有限责任公司、一般纳税人　　实 收 资 本　人民币200万元

经 营 范 围

产品生产、销售

白酒生产批发、品酒吧

成 立 日 期　二〇一二年一月一日　　二〇一二 年 一 月 一 日

营 业 期 限　自二〇一二年一月一日到二〇二二年十二月三十一日

图 2-3　递交税务登记所需的营业执照资料

（2）有关机关、部门批准设立的文件。

（3）有关合同、章程、协议书。

（4）法定代表人和董事会成员名单。

（5）法定代表人（负责人）或业主居民身份证、护照或其他证明身份的合法证件。

（6）组织机构代码证书，如图 2-4 所示。

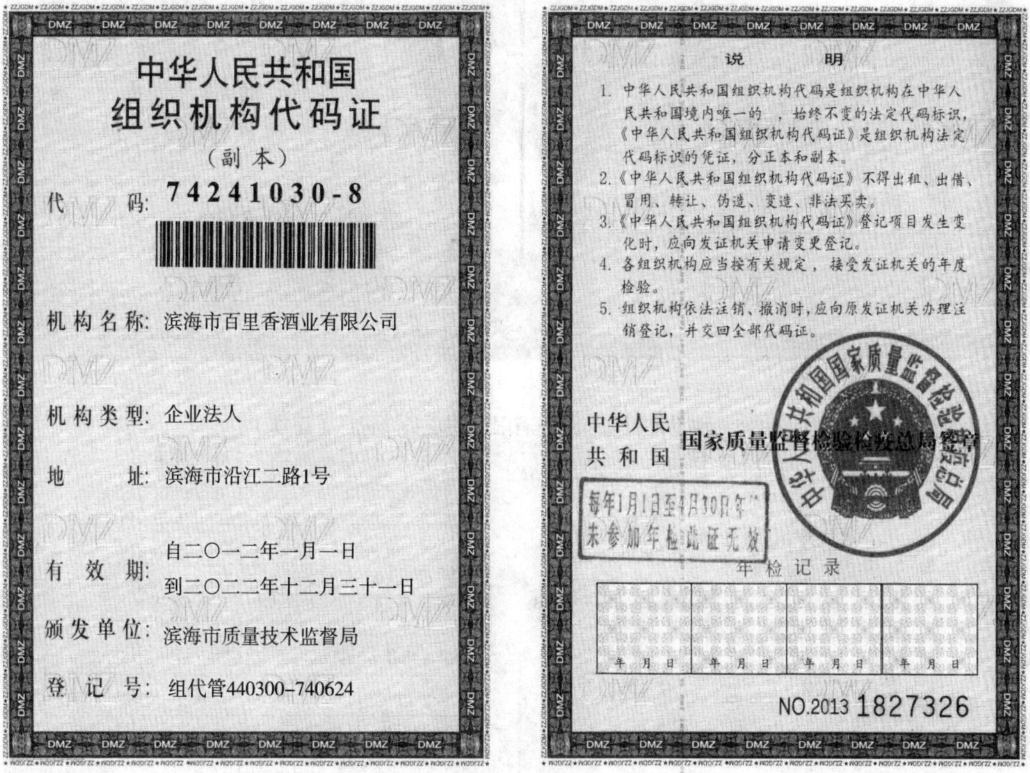

中华人民共和国
组织机构代码证
（副本）

代　码：74241030-8

机构名称：滨海市百里香酒业有限公司

机构类型：企业法人

地　址：滨海市沿江二路1号

有效期：自二〇一二年一月一日
到二〇二二年十二月三十一日

颁发单位：滨海市质量技术监督局

登记号：组代管440300-740624

说　明

1. 中华人民共和国组织机构代码是组织机构在中华人民共和国境内唯一的，始终不变的法定代码标识，《中华人民共和国组织机构代码证》是组织机构法定代码标识的凭证，分正本和副本。
2. 《中华人民共和国组织机构代码证》不得出租、出借、冒用、转让、伪造、变造、非法买卖。
3. 《中华人民共和国组织机构代码证》登记项目发生变化时，应向发证机关申请变更登记。
4. 各组织机构应当按有关规定，接受发证机关的年度检验。
5. 组织机构依法注销、撤消时，应向原发证机关办理注销登记，并交回全部代码证。

中华人民共和国　国家质量监督检验检疫总局签管

每年1月1日至4月30日年检
未参加年检此证无效

年检记录

年 月 日	年 月 日	年 月 日	年 月 日

NO.2013 1827326

图 2-4　递交税务登记所需的组织机构代码证资料

（7）住所或经营场所证明。

（8）委托代理协议书复印件。

（9）其他需要提供的有关证件、资料。

【步骤 3】领取税务登记证。

税务部门审核纳税人上交的资料，确认无误后核发税务登记证。纳税人到指定办事窗口领取税务登记证的正本（见图 2-5）和副本（见图 2-6）。

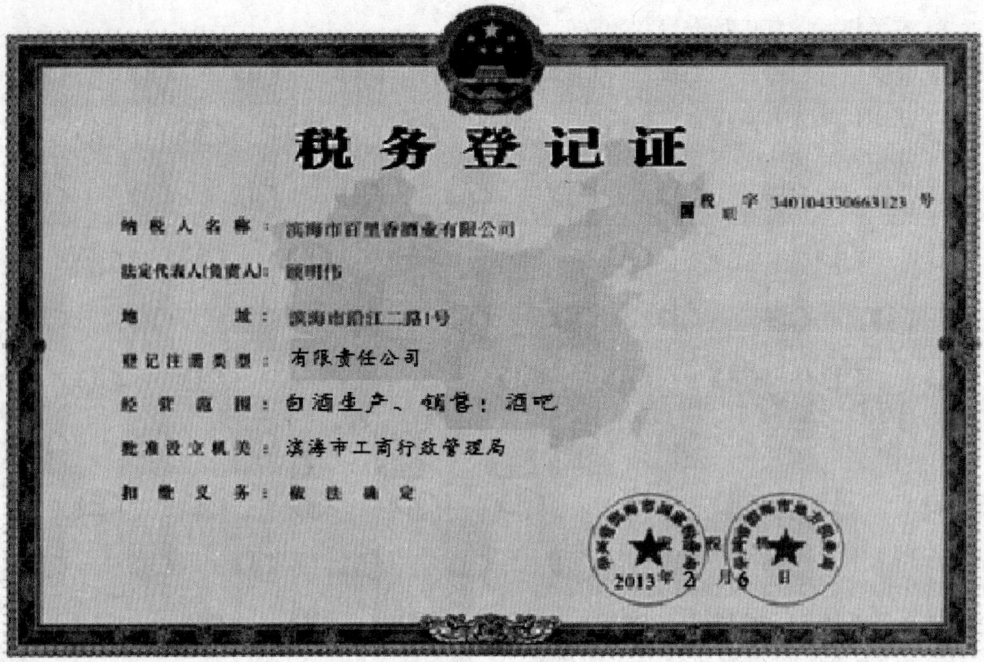

税务登记证

国税 地税 字 340104330663123 号

纳税人名称：滨海市百里香酒业有限公司

法定代表人(负责人)：顾明伟

地　　址：滨海市沿江二路1号

登记注册类型：有限责任公司

经营范围：白酒生产、销售；酒吧

批准设立机关：滨海市工商行政管理局

扣缴义务：依法确定

2013年2月6日

图 2-5　滨海市百里香酒业有限公司税务登记证（正本）

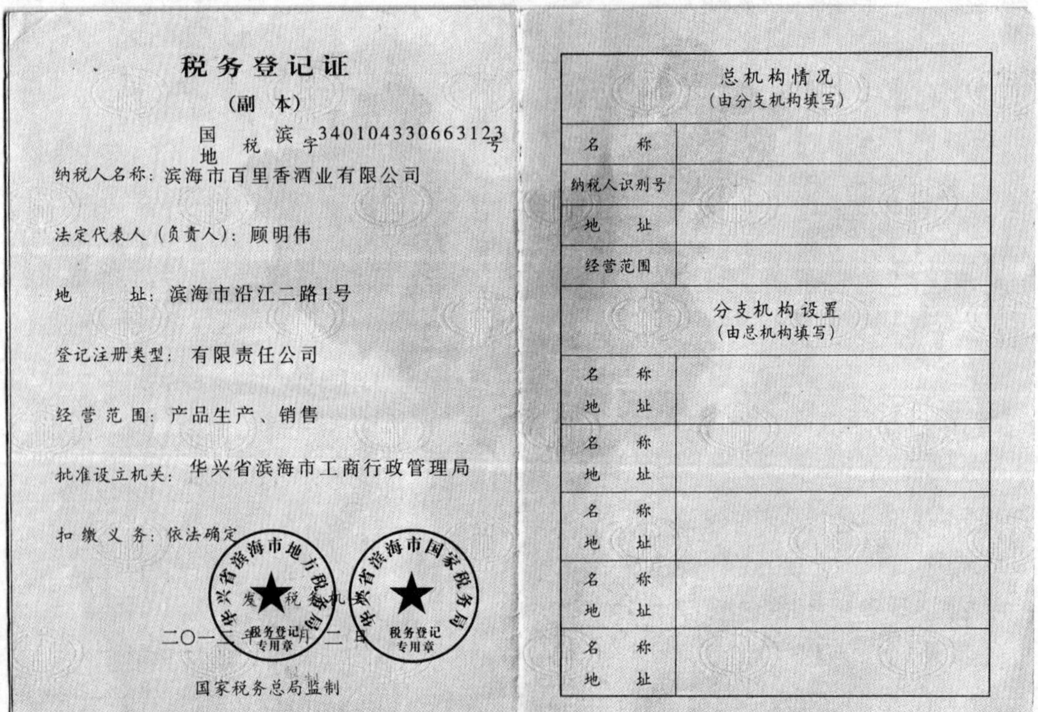

税务登记证

（副　本）

国 地 税 滨 字 340104330663123 号

纳税人名称：滨海市百里香酒业有限公司

法定代表人（负责人）：顾明伟

地　　址：滨海市沿江二路1号

登记注册类型：有限责任公司

经营范围：产品生产、销售

批准设立机关：华兴省滨海市工商行政管理局

扣缴义务：依法确定

华兴省滨海市地方税务局 税务登记专用章

华兴省滨海市国家税务局 税务登记专用章

二〇一二年　月二日

国家税务总局监制

总机构情况（由分支机构填写）	
名　称	
纳税人识别号	
地　址	
经营范围	

分支机构设置（由总机构填写）	
名　称 地　址	
名　称 地　址	
名　称 地　址	
名　称 地　址	
名　称 地　址	

图 2-6　滨海市百里香酒业有限公司税务登记证（副本）

项目2　增值税一般纳税人资格认定

学习目标

1. 知道增值税一般纳税人资格的认定条件、认定程序和办理认定申请须提交的资料
2. 会办理增值税一般纳税人资格认定的申请
3. 会与税务机构沟通协调，具有良好的表达能力、沟通能力和协调能力

知识引导

新开业的、符合一般纳税人条件的企业，应在办理税务登记之日起 30 日内，申请办理一般纳税人认定手续。增值税一般纳税人认定申请流程如图 2-7 所示。

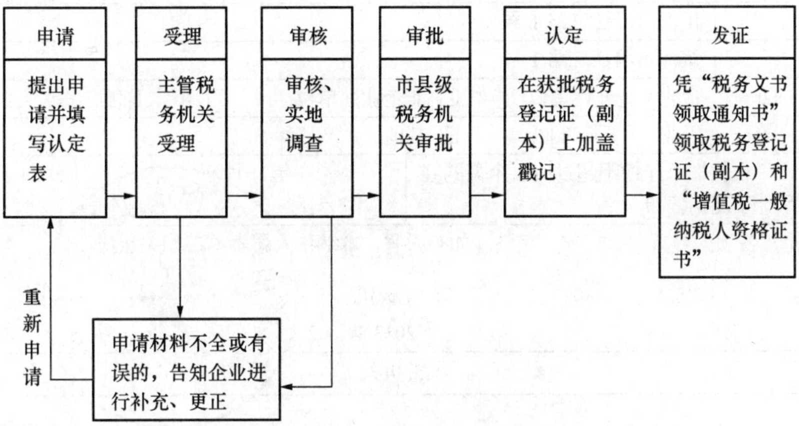

图 2-7　增值税一般纳税人认定申请流程

知识拓展

一般纳税人认定的条件

根据我国《增值税暂行条例》规定，凡是符合以下条件的，可以申请认定为一般纳税人：

① 从事货物生产或提供应税劳务的纳税人，以及从事货物生产或者提供应税劳务为主，并兼营货物批发或零售的纳税人，年应税销售额在 50 万元以上的；

② 除上述规定以外的纳税人，年应税销售额在 80 万元以上的。

活动描述

滨海市百里香酒业有限公司符合一般纳税人认定条件，办理一般纳税人认定手续。

活动指导

【步骤 1】填写《增值税一般纳税人申请认定表》。

新开业的符合一般纳税人条件的企业，应在办理税务登记起 30 日内向主管税务机关提交申请，办理一般纳税人认定手续。滨海市百里香酒业有限公司根据有关资料和税务登记证，填写《增值税一般纳税人申请认定表》，如表 2-3 所示。

表 2-3　增值税一般纳税人申请认定表

纳税人名称	滨海市百里香酒业有限公司		纳税人识别号	340104330663123	
法定代表人（负责人、业主）	顾明伟	身份证	440011198204120089	0515-83340415	139××××××××
财务负责人	夏 添	身份证	440011198507259714	0515-83340415	137××××××××
办税人员	冯东灵	身份证	440011199012033824	0515-83340415	158××××××××
生产经营地址	滨海市沿江二路 1 号				
核算地址	滨海市沿江二路 1 号				
纳税人类别：☑ 企业、企业性单位　☐ 非企业性单位　☐ 个体工商户　☐ 其他					
纳税人主业：☑ 工业　☐ 商业　☐ 其他					
认定前累计应税销售额（连续不超过 12 个月的经营期内）或预计年度销售额		年　月至　年　月共 100 万 元。			
纳税人声明	上述各项内容真实、可靠、完整。如有虚假，本纳税人愿意承担相关法律责任。 （签章）： 2013 年　2 月 8 日				
税务机关					
受理意见	受理人签名： 年　月　日				
查验意见	查验人签名： 年　月　日				
主管税务机关意见	（签章） 年　月　日				
认定机关意见	（签章） 年　月　日				

注：本表一式二份，主管税务机关和纳税人各留存一份。

【步骤 2】提交申请。

纳税人向主管税务机关递交《增值税一般纳税人申请认定表》以及相关资料的原件和

复印件，待主管税务机关当场核对后领取《文书受理回执单》。纳税人在前台报送的资料主要有以下几种。

（1）《增值税一般纳税人申请认定表》。

（2）《税务登记证》副本。

（3）财务负责人和办税人员的身份证明及复印件。

（4）会计人员的从业资格证明或者与中介机构签订的代理记账协议及复印件。

（5）经营场所产权证明或者租赁协议，或者其他可使用场地证明及复印件。

（6）国家税务总局规定的其他有关资料。

【步骤3】配合实地调查。

主管税务机关在受理纳税人申请以后，根据需要进行实地查验。实地查验的内容包括以下几点。

（1）核对法定代表人、财务负责人、办税人员的身份证明、会计人员从业资格和与中介机构签订的代理记账协议等原件，核实纳税人提交的申请资料是否与实际情况相符。

（2）通过查看经营场地土地使用证或房屋产权证、租赁合同等，核实实际生产经营地址与注册登记经营地址是否相符，判断其有无固定的生产经营场所。

（3）查看纳税人是否设置有总账、日记账、明细账和其他辅助性账簿，能否按照财务会计制度要求填制会计凭证、登记账簿。

（4）所有开户银行账户、账号的证明材料。

（5）购销合同原件及公证资料，或书面意向及供货企业证明。

实地查验要求由主管税务机关两名（含）以上工作人员同时参加，按照查验内容对纳税人基本情况实地逐一核实。查验工作完成时，查验人员应制作《实地查验报告》（附件），并由企业法定代表人、查验人员共同签字确认。

【步骤4】领取资格证书。

主管税务机关在获批纳税人的《税务登记证》副本上加盖“增值税一般纳税人”戳记，如图2-8所示，并核发《增值税一般纳税人资格证书》，如图2-9所示。纳税人接通知后，凭《文书受理回执单》到指定办事窗口领取该证书。

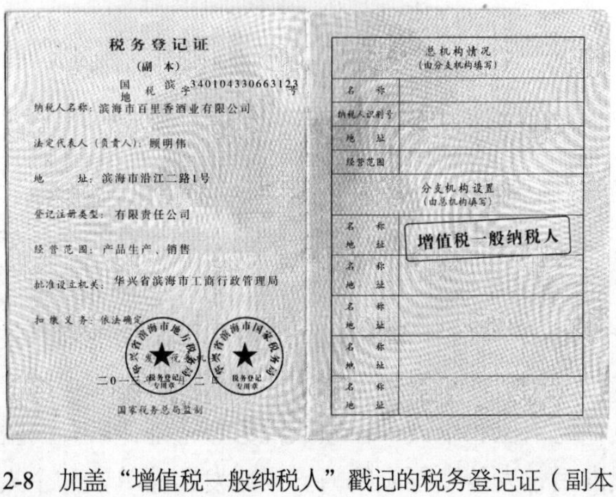

税务登记证

（副 本）

国地税滨字340104330663123号

纳税人名称：滨海市百里香酒业有限公司

法定代表人（负责人）：顾明伟

地　　址：滨海市沿江二路1号

登记注册类型：有限责任公司

经营范围：产品生产、销售

批准设立机关：华兴省滨海市工商行政管理局

扣缴义务：依法确定

国家税务总局监制

总机构情况（由分支机构填写）	
名　称	
纳税人识别号	
地　址	
经营范围	
分支机构设置（由总机构填写）	
名　称 地　址	增值税一般纳税人
名　称 地　址	
名　称 地　址	
名　称 地　址	
名　称 地　址	

图2-8　加盖“增值税一般纳税人”戳记的税务登记证（副本）

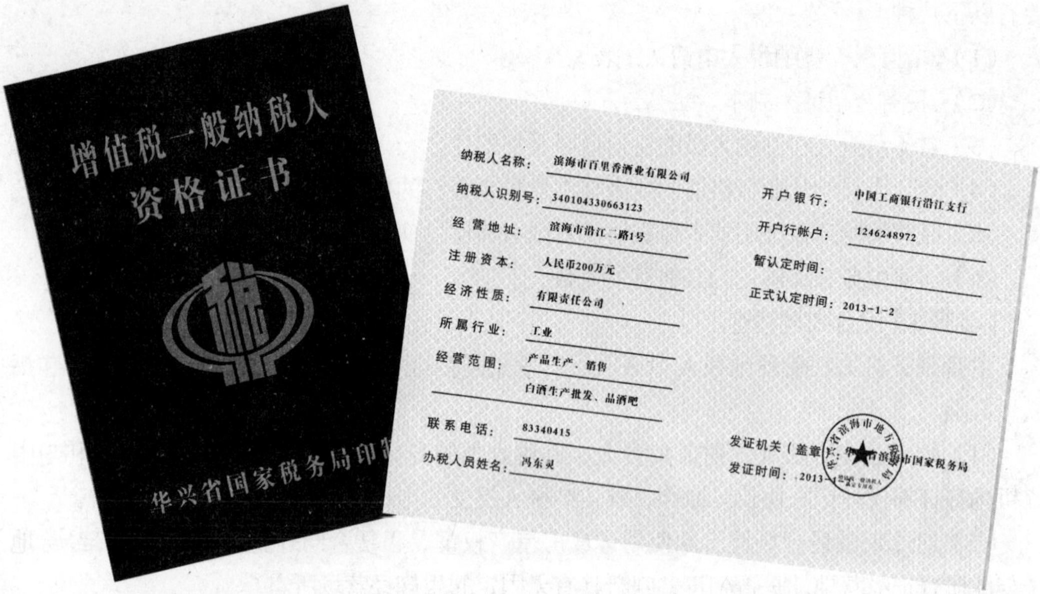

图 2-9　增值税一般纳税人资格证书

项目 3　发票申购

学习目标

1. 知道增值税专用发票领购、使用的要求
2. 会办理增值税专用（普通）发票申购手续
3. 建立规范企业纳税行为、科学降低税收支出、有效防范纳税风险的意识

知识引导

发票是指在销售商品、提供劳务以及从事其他经营活动中，由收款方向付款方开具的收款凭证。发票是记录购销业务的合法凭证，既是会计核算的原始依据，又是税务机关控制税源、征收税款的重要依据。

我国《税收征收管理法》规定，税务机关是我国发票的主管机关，负责发票的印制、领购、开具、取得、保管、缴销的管理和监督。

依法办理税务登记的单位和个人，在领取税务登记证件后，向主管税务机关申请领购发票。经税务机关核准后，发给发票领购簿。领购发票的单位和个人，凭核准的种类、数量以及购票方式，向主管税务机关领购发票。

（1）一般纳税人首次申请和领购增值税专用发票。纳税人经当地国家税务机关审批具有一般纳税人资格后，即可向主管税务机关申请领购发票，具体流程如图 2-10 所示。

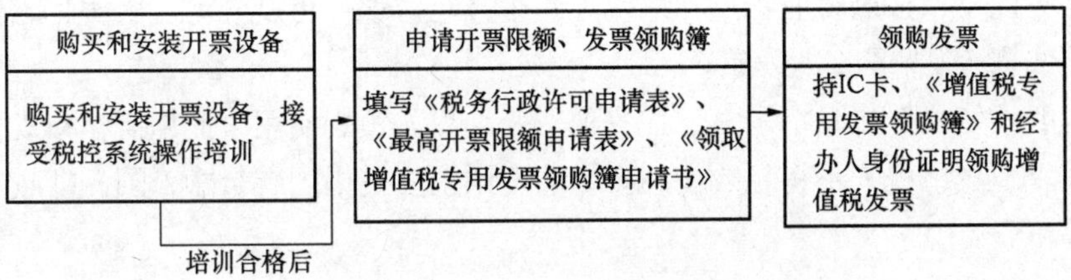

图 2-10　增值税专用发票首次领购流程

① 购买和安装防伪税控系统。税务部门和企业利用该系统能独立实现发票的防伪认证，无须联网即可随时随地稽查假发票和大头小尾的“阴阳”票。同时，从该系统的报税子系统取得的存根联数据和认证子系统取得的抵扣联数据，将直接进入增值税计算机稽核系统，通过增值税计算机稽核系统，对增值税专用发票信息和纳税申报信息进行全面的交叉比对，及时掌握税源情况和发现税收管理过程中的各种问题，能够遏制利用增值税专用发票违法犯罪的行为。因此，目前我国增值税一般纳税人都要求安装该系统，并限定各企业的单笔发票最高开票金额。

② 申请开票限额、发票领购簿。为防止不法分子虚开、代开增值税专用发票，造成国家税款的严重损失，危害正常的经济秩序和税收秩序，国家实行最高开票限额规定。最高开票限额依据企业年增值税应税销售额进行核定，要求做到实地核实、严格审批。企业提出专用发票限额申请时，应提供如下材料：

第一，企业基本生产经营情况书面报告原件；

第二，企业法人、经办人员身份证明原件和复印件；

第三，《最高开票限额申请审批表》原件；

第四，《税务行政许可申请表》原件；

第五，对企业偶然发生大宗交易业务的，需要提供相关购销合同、协议或已认证的进项发票原件及复印件等；

第六，税务机关规定应当提供的其他材料。

（2）一般纳税人再次领购。纳税人持税控 IC 卡、《增值税专用发票领购簿》、财务专用章或发票专用章、上次领购已开具的增值税发票记账联和经办人身份证明到办税大厅领购增值税发票。

（3）小规模纳税人领购发票。首次申请领购发票须先进行票种核定，经税务机关审批通过后核发《发票领购簿》即可购买发票；须电脑开票的可以在主管税务机关网站下载并安装开票软件。

知识拓展

发票的种类

常见的发票按照行业特点和纳税人的生产经营项目可以分为三大类：增值税专用发票、普通发票和专业发票。

一般增值税专用发票只限于增值税一般纳税人领购使用，而增值税小规模纳税人和非增值税纳税人不得领购使用。专业发票主要是指国有金融、国有邮政、国有铁路等行业使用。

活动描述

2013 年 2 月 15 日，滨海市百里香酒业有限公司首次申请领购增值税专用发票，申请领购增值税专用发票 20 本、普通发票 10 本。

活动指导

【步骤 1】递交《防伪税控资格认定申请审批表》。

增值税一般纳税人需要购买并安装防伪税控系统，在购买防伪税控设备并在操作培训合格后，填写《防伪税控资格认定申请审批表》，如表 2-4 所示。

表 2-4　　防伪税控资格认定申请审批表

纳税人识别号：340104330663123

纳税人名称：滨海市百里香酒业有限公司

申请理由： 本公司是增值税一般纳税人，需要开具增值税专用发票。 （签章） 办税人员：冯东灵　　2013 年 2 月 15 日
审核意见： 经办人：　　年　月　日
主管税务机关意见： （公章） 负责人：　　年　月　日
审批税务机关意见： （公章） 负责人：　　年　月　日

（印章：滨海市百里香酒业有限公司）

税务机关审批后，向纳税人发放“税控 IC 卡”，并通过防伪税控系统将纳税人资料录入，对纳税人的税控 IC 卡进行发行初始化。在纳税人电脑终端安装防伪税控系统，其安装软件界面如图 2-11 所示，税控 IC 卡如图 2-12 所示。

图 2-11　防伪税控系统软件界面

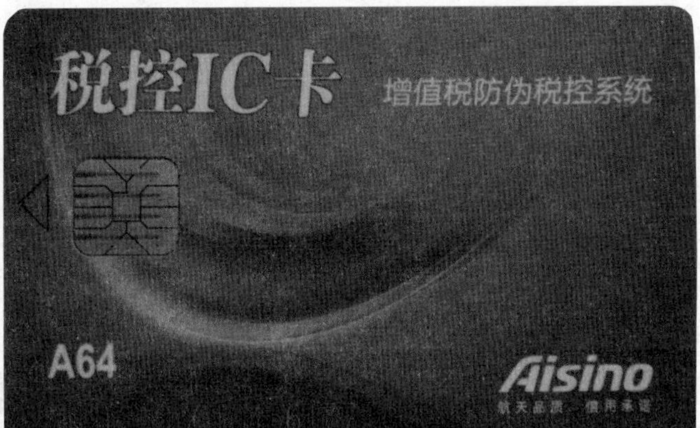

图 2-12　税控 IC 卡

纳税人应用防伪税控系统后，可凭“税控 1C 卡”向主管税务机关申请领购电脑版专用发票；纳税人取得的购货专用发票，应在确认符合抵扣条件后，及时逐笔录入税控系统；纳税人不得在系统外开具增值税专用发票，如未通过防伪税控系统开具专用发票，属于偷税行为。

【步骤 2】填写《税务行政许可申请表》。

纳税人已取得一般纳税人资格，首次购票时，须办理专用发票领购资格审核，填写《税务行政许可申请表》，如表 2-5 所示。

表 2-5　　　　　　　　　　　　　　　税务行政许可申请表

申请日期：2013 年 2 月 15 日　　　　　　　　　　　　　　编号：

申请人	姓名		身份证件	
	电话		邮政编码	
	住址			
	单位	滨海市百里香酒业有限公司	法定代表人	顾明伟
	邮政编码	505095	联系电话	0515-83340415
	地址			
	委托代理人		身份证件	
	住址		电话	
申请事项	（在申请事项前划“√”） ☐1. 指定企业印制发票； ☑2. 对发票使用和管理的审批； ☑3. 对发票领购资格的审核； ☐4. 对增值税防伪税控系统最高开票限额的审批； ☑5. 建立收支凭证粘贴簿、进货销货登记簿或者使用税控装置的审批； ☐6. 印花税票代售许可。			

受理人（审核人）：　　　　　　　　　　　　收到日期：　　年　　月

【**步骤 3**】填写《纳税人领购发票票种核定申请表》。

纳税人已取得一般纳税人资格，首次购票时，须办理发票票种核定，填写《纳税人领购发票票种核定申请表》，如表 2-6 所示。

表 2-6　　　　　　　　　　纳税人领购发票票种核定申请表

纳 税 人 识 别 号	340104330663123	法人代表	顾明伟
纳 税 人 名 称	滨海市百里香酒业有限公司		
购票员名称	证件类型	证 件 号 码	
冯东灵	身份证	440011199012033824	
申 请 理 由： 产品销售。 （印章：滨海市百里香酒业有限公司） 申请人（签章） 2013 年 2 月 15 日	申请人财务专用章或发票专用章印模	（印章：滨海市百里香酒业有限公司 340104330663123 发票专用章）	
申请发票名称	版　面	申购数量	月用票量
增值税专用发票	10 万元	50	
增值税普通发票	10 万元	50	
以下由税务机关填写			

续表

<table>
<tr><td>发票名称</td><td>种类代码</td><td>操作类型</td><td>每月最高购票数量</td><td>每次购票最高数量</td><td>纳税人持票最高数量</td><td>开具最大金额</td><td>购票方式</td><td>联次屏蔽标志</td></tr>
<tr><td></td><td></td><td></td><td></td><td></td><td></td><td></td><td></td><td></td></tr>
<tr><td></td><td></td><td></td><td></td><td></td><td></td><td></td><td></td><td></td></tr>
<tr><td></td><td></td><td></td><td></td><td></td><td></td><td></td><td></td><td></td></tr>
<tr><td></td><td></td><td></td><td></td><td></td><td></td><td></td><td></td><td></td></tr>
<tr><td colspan="3">票种核定岗意见：

签名：</td><td colspan="3">股长意见：

签名：</td><td colspan="3">分局长意见：

签名：

（公章）</td></tr>
</table>

注：1. 本表纳税人初次购票前及因经营范围变化等原因，需要增减发票种类数量时填写；
2. 纳税人申请发票种类可参考附页发票种类及版式对照表；
3. 经主管税务机关核准后，将有关发票内容填写在《发票领购簿》中；
4. 此表不作为日常领购发票的凭证；
5. 种类代码为五位（或四位），操作类型分为增加、修改、删除；
6. 一式两份，一份纳税人留存，一份税务机关留存。

【步骤 4】填写《增值税防伪税控系统最高开票限额申请表》。

纳税人如安装增值税防伪税控系统的，要核定增值税防伪税控系统最高开票限额，填写《增值税防伪税控系统最高开票限额申请表》，如表 2-7 所示。

表 2-7　　增值税防伪税控系统最高开票限额申请表

<table>
<tr><td rowspan="4">申请事项（由企业填写）</td><td>企业名称</td><td>滨海市百里香酒业有限公司</td><td>税务登记代码</td><td>340104330663123</td></tr>
<tr><td>地　　址</td><td>滨海市沿江二路 1 号</td><td>联系电话</td><td>0515-83340415</td></tr>
<tr><td>申请最高开票限额</td><td colspan="3">□ 一亿元　□一千万元　□一百万元
☑ 十万元　□一万元　□一千元
（请在选择数额前的□打“√”）</td></tr>
<tr><td colspan="4">销售产品。

经办人（签字）：冯东灵　　企业（印章）：
2013 年 2 月 15 日　　2013 年 2 月 15 日</td></tr>
<tr><td>主管税务机关审核意见</td><td colspan="4">批准最高开票限额：

经办人（签字）：　批准人（签字）：　税务机关（印章）
年　月　日　　年　月　日　　年　月　日</td></tr>
<tr><td>区局审核意见</td><td colspan="4">批准最高开票限额：

经办人（签字）：　批准人（签字）：　税务机关（印章）
年　月　日　　年　月　日　　年　月　日</td></tr>
</table>

注：本申请表一式两联：第一联，申请企业留存；第二联，区县级税务机关留存。

【步骤 5】领取《发票领购簿》。

主管税务机关在审核上述表格、相关证件和资料后，向纳税人核发《发票领购簿》，如图 2-13 所示。

图 2-13　发票领购簿封面

【步骤 6】领购发票。

纳税人根据发票领购簿核定的票种和数量到指定办事窗口领购发票，税务人员在发票领购簿上登记发票购买情况。

实训体验

【单选题】

1.（　　）是纳税人履行纳税义务的首要环节。

A. 税务登记　　B. 领购发票

C. 纳税申报　　C. 申请减免税

2. 华祥公司为增值税一般纳税人，企业机构所在地为北京，有一分支机构在上海，法人代表户籍所在地为广州，其申请办理一般纳税人认定登记手续的主管部门是（　　）。

A. 北京市国税部门　　B. 上海市国税部门

C. 北京市和上海市国税部门　　D. 广州市国税部门

3. 从事生产、经营的纳税人领取工商营业执照（含临时工商营业执照）的，应当自领取工商营业执照之日起（　　）日内申报办理税务登记，税务机关核发税务登记证及副本。

A. 10　　B. 15

C. 30　　D. 60

4. 发票是指在销售商品、提供服务以及从事其他经营活动中，向付款方开具的（　　）。

A. 收款凭证　　　　B. 付款凭证

C. 收付款凭证　　　　D. 有关凭证

5.（　　）是对征税对象征税的比例或额度，是应纳税额计算的尺度。

A. 税率　　　　B. 征税对象

C. 纳税期限　　　　D. 计税依据

【多选题】

1. 关于税务登记，下列说法正确的有（　　）。

A. 办理税务登记是纳税人与国家确立税收关系的重要标志

B. 在申报办理税务登记时，纳税人应该认真填写《税务登记表》

C. 凡领取工商营业执照的纳税人，应当自领取营业执照之日起 30 日内，向税务机关申报办理税务登记

D. 新开业的符合一般纳税人条件的企业，应在办理税务登记之日起 30 日内，申请办理一般纳税人认定手续

2. 一般纳税人认定的审批权限为（　　）。

A. 县级地方税务局　　　　B. 县级国家税务局

C. 市级地方税务局　　　　D. 市级国家税务局

3. 下列哪些属于流转税税种（　　）。

A. 增值税　　　　B. 消费税

C. 车船税　　　　D. 关税

4. 根据《征管法》规定，需要办理开业税务登记的纳税人有（　　）。

A. 企业

B. 企业在外地设立的从事生产、经营的场所

C. 只缴纳个人所得税的自然人

D. 企业在外地设立分支机构

5. 目前我国的税收管理部门主要有（　　）。

A. 各级国家税务局　　　　B. 各级地方税务局

C. 各级财政部门　　　　D. 海关系统

【判断题】

1. 从事货物生产或提供应税劳务的纳税人，年应税销售额 80 万元，可以申请认定为一般纳税人。（　　）

2. 一般增值税专用发票只限于增值税一般纳税人领购使用，而增值税小规模纳税人和非增值税纳税人不得领购使用。（　　）

3. 除另有规定外，纳税人一经认定为一般纳税人后，不得转为小规模纳税人。（　　）

4. “取之于民，用之于民”，故税收具备有偿性的特征。（　　）

5. 从事生产经营的纳税人，经税务机关审核认定为一般纳税人，税务机关均应发售增值税专用发票。（　　）

【业务题】

某税务所在2013年6月12日实施检查中，发现星星商店（个体）2013年5月20日领取营业执照后，未申请办理税务登记。据此，该税务所于2013年6月13日做出责令星星商店必须在2013年6月20日前办理税务登记，逾期不办理，将按《税收征管法》有关规定处以罚款的决定。

请问：该税务所的处理决定是否有效？为什么？

模块3 流转税的核算和申报

流转税是指以纳税人商品生产、流通环节的流转额或者数量以及非商品交易的营业额为征税对象的一类税收。我国的流转税包括增值税、消费税、营业税、关税等（见图 3-1），是我国财政收入的重要来源。

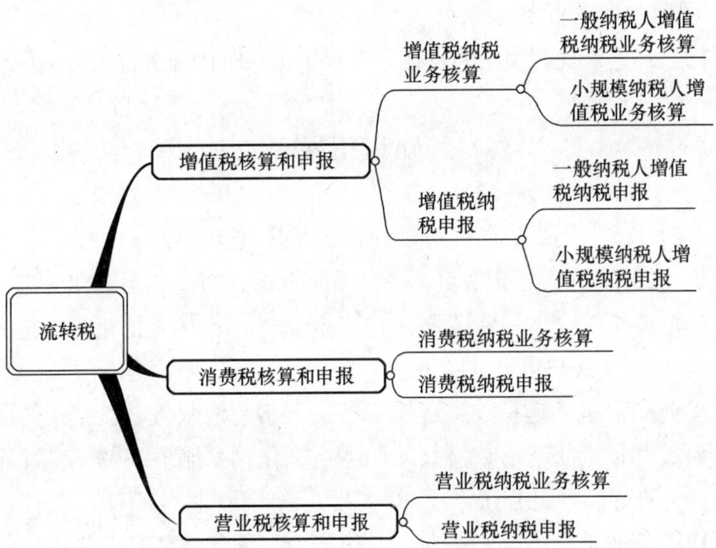

图 3-1　流转税学习导航图

项目 1　增值税的核算和申报

学习目标

1. 能计算企业（包括一般纳税人和小规模纳税人）应纳增值税额
2. 会办理企业（包括一般纳税人和小规模纳税人）增值税纳税申报
3. 培养日常经济业务交易中自觉纳税的社会责任意识

知识引导

1. 增值税的概念

增值税是对在我国境内销售货物或提供加工、修理修配劳务以及进口货物的单位和个人，就其货物或劳务的增值额而征收的一种税。

2. 增值税的征收范围

（1）征税范围的一般规定。现行增值税征税范围一般包括以下内容。

① 销售货物。货物是指有形的动产，包括电力、热力、气体在内。

② 提供加工、修理修配劳务。加工劳务是指受托加工货物，加工原料及主要材料由委托方提供，受托方只收取加工费。修理修配劳务是指受托对损伤和丧失功能的货物进行修复，使其恢复功能和原状的业务。

③ 进口货物。凡进入我国境内的货物，在申报进口时由海关征收增值税。

知识拓展

“营业税改征增值税”的征税范围

根据财税［2012］71 号文规定，经国务院批准，将交通运输业和部分现代服务业营业税改征增值税（以下简称“营改增”）试点范围，由上海市分批扩大至北京市等 8 个省（直辖市），2013 年 8 月起在全国范围内推开。

交通运输业应税服务是指陆路运输服务、水路运输服务、航空运输服务、管道运输服务、研发和技术服务、信息技术服务、文化创意服务、物流辅助服务、有形动产租赁服务、鉴证咨询服务。

部分现代服务业是指围绕制造业、文化产业、现代物流产业等提供技术性、知识性服务的业务活动，包括研发和技术服务、信息技术服务、文化创意服务、物流辅助服务、有形动产租赁服务、鉴证咨询服务。

（2）属于征税范围的视同销售货物行为。视同销售货物行为是指在实际工作中没有取得销售收入款、债权，也没有抵付债务，但税务机关将其视同销售，需要按税法的规定缴纳增值税的行为。视同销售货物行为主要有以下几点。

① 货物代销：将货物交付他人代销（代销中委托方征税），销售代销货物（代销中受托方征税）。

② 货物在内部异地调拨：设有两个以上机构并实行统一核算的纳税人，将货物从一个机构移送其他机构用于销售，但相关机构设在同一县（市）的除外。

③ 货物的内部使用：将自产或委托加工的货物用于非增值税应税项目，将自产、委托加工的货物用于集体福利或个人消费。

④ 货物的外部使用：将自产、委托加工或者购进的货物作为投资，提供给其他单位或

者个体工商户；将自产、委托加工或者购进的货物分配给股东或投资者；将自产、委托加工或者购进货物无偿赠送其他单位或个人。

知识拓展

"营改增"的视同销售规定

纳入"营改增"试点范围的交通运输业和部分现代服务业试点纳税人的单位和个体工商户的下列情形，视同提供应税服务：

（1）向其他单位或者个人无偿提供交通运输业和部分现代服务业服务，但以公益活动为目的或者以社会公众为对象的除外；

（2）财政部和国家税务总局规定的其他情形。

3. 增值税的纳税义务人

增值税的纳税人是指在我国境内销售货物或者提供加工、修理修配劳务以及进口货物的单位和个人。

为了减少增值税征管漏洞，简化某些经营规模较小的纳税人的计算，我国将增值税纳税人分为一般纳税人和小规模纳税人两类，分别采用不同的增值税应纳税额计算方法。根据《增值税暂行条例实施细则》，确定具体划分标准如表3-1所示。

表3-1　增值税纳税人分类标准

序号	纳税人经营性质	一般纳税人	小规模纳税人
1	从事货物生产或提供应税劳务的纳税人	年应税销售额在50万元以上	年应税销售额在50万元（含50万元）以下
2	从事货物生产或提供应税劳务为主（销售额占50%以上），兼营批发、零售的纳税人	年应税销售额在50万元以上	年应税销售额在50万元（含50万元）以下
3	除上述1、2规定以外的纳税人	年应税销售额在80万元（含80万元）以上	年应税销售额在80万元以下
4	年应税销售额超过小规模纳税人标准的其他个人	—	参照小规模纳税人纳税
5	非企业性单位、不经常发生应税行为的纳税人	—	可参照小规模纳税人纳税

知识拓展

"营改增"的纳税人划分规定

根据"营改增"试点纳税人增值税一般纳税人资格认定规定，纳入"营改增"试点范围的交通运输业和部分现代服务业试点纳税人，以应税服务销售额（不含税销售额）的大小和会计核算健全程度的不同，将增值税纳税人分为一般纳税人和小规模纳税人。

（1）应税服务年销售额超过 500 万元（含本数）的纳税人为增值税一般纳税人。应税服务年销售额是指试点纳税人在连续不超过 12 个月的经营期内，提供交通运输业和部分现代服务业服务的累计销售额，含免税、减税销售额与按规定实行差额扣除部分的销售额。

（2）应税服务年销售额未超过上述标准的纳税人为小规模纳税人。

4. 增值税的税率和征收率

（1）基本税率 17%。一般纳税人销售或者进口货物、提供加工修理修配劳务，适用的基本税率为 17%。

（2）低税率 13%。纳税人进口销售下列货物，税率为 13%：①粮食、食用植物油；②自来水、热水、暖气、冷气、煤气、石油化气、天然气、沼气、居民用煤炭制品；③图书、报纸、杂志；④饲料、化肥、农药、农机、农膜；⑤农业产品；⑥音像制品；⑦电子出版物；⑧二甲醚；⑨食用盐；⑩国务院规定的其他货物。

（3）征收率 3%。小规模纳税人实行按销售额与征收率计算应纳税额的简易办法，适用的征收率为 3%。

纳税人兼营不同税率的货物或者应税劳务，应分别核算不同税率货物或者应税劳务的销售额；未分别核算销售额的，从高适用税率。

知识拓展

"营改增"的税率规定

根据《营业税改征增值税试点方案》（财税［2011］110 号）等规定，在现行增值税 17%标准税率和 13%低税率的基础上，新增 11%和 6%两档低税率。租赁有形动产等适用 17%的基本税率，交通运输业、建筑业等适用 11%的税率，其他部分现代服务业适用 6%的税率。

5. 一般纳税人应纳增值税的计算

一般纳税人销售货物或者提供应税劳务，应纳税额为当期销项税额抵扣当期进项税额后的余额。可用公式表示：

当期应纳税额=当期销项税额−当期进项税额

当期销项税额不足抵扣时，其不足部分结转下期继续抵扣。

例 1 清河公司是增值税一般纳税人，1 月份增值税进项税额为 45 000 元，销项税额为 34 000 元。该公司 1 月份没有上期尚未抵扣的税额。计算该公司 1 月份应纳增值税额。

【解析】1 月份进项税额 45 000 元，销项税额 34 000 元，当期应纳税额为 34 000 − 45 000 = −9 000（元），当期销项税额不足抵扣进项税额，不用缴纳增值税。

1 月份应纳增值税额=0（元）

例 2 接上例，清河公司 2 月份增值税进项税额为 49 000 元，销项税额为 69 000 元。计算该公司 2 月份应纳增值税额。

【解析】1 月份有尚未抵扣的进项税额 9 000 元，结转到 2 月份继续抵扣。2 月份实际抵扣的进项税额为 58 000 元（49 000+9 000）。

2 月份应纳增值=69 000–（49 000+9 000）=11 000（元）

（1）销项税额的计算。销项税额是指纳税人销售货物或者提供应税劳务，按照销售额或提供应税劳务收入规定的税率计算并向购买方收取的增值税额。其计算公式为：

销项税额=销售额×增值税税率

有关销售额的规定如下。

① 销售额是指纳税人销售货物或提供应税劳务，向购买方收取的全部价款和价外费用，但不包括向购买方收取的销项税额。

② 含税销售额的换算。一般纳税人向小规模纳税人、非增值税纳税人、普通消费者销售商品或提供服务时，纳税人所收款项是价税合并收取的，在计算销项税额时，应先将其换算为不含税销售额后，再进行计算，其换算公式为：

不含税销售额=含税销售额÷（1+适用税率）

例 3 清河公司是增值税一般纳税人，3 月份向消费者销售 A 商品 200 件，开出普通发票，每件收取 350 元。计算该项销售业务的增值税销项税额。

【解析】向消费者出售商品，收取的款项是价税合并的，若要进行价税分离，然后再计算销项税额。

不含税销售额=200×350÷（1+17%）=59 829.06（元）

销项税额=200×350-59 829.06=10 170.94（元）

或 =59 829.06×17%=10 170.94（元）

③ 销售额=价款+价外费用。所谓价外费用是指在价格以外向购买方收取的手续费（不包括代销的手续费）、补贴、基金、集资费、返还利润、奖励费、违约金、滞纳金、延期付款利息、赔偿金、代收款项、代垫款项、包装费、包装物租金、储备费、优质费、运输装卸费以及其他各种性质的价外收费，也称为价外收入。

如果价外费用是价税合并收取的，在计算增值税时需要换算成不含税价格后并入销售额。

例 4 清河公司是增值税一般纳税人，3 月份向远华公司销售 B 商品 500 件，不含税单价为 200 元，开具增值税专用发票，发票注明价款 100 000 元，增值税税率为 17%，税款 17 000 元，另外在此项销售中取得的销售产品包装费收入 500 元，开具了普通发票。根据以上资料计算清河公司该项销售业务的增值税销项税额。

【解析】清河公司销售价款 100 000 元，按 17%计算增值税销项税额；价外费用 500 元，是含增值税的价外费用，应转化为不含税销售额后计算销项税额。

销项税额=100 000×17%+500 ÷（1+17%）×17%=17 072.65（元）

④ 由主管税务机关核定销售额。纳税人销售货物或提供应税劳务价格明显偏低并无正当理由的，由主管税务机关核定其销售额。税务机关按下列顺序核定：a．按纳税人最近时期同类货物的平均售价确定；b．按其他纳税人最近时期同类货物的平均售价确定；c．按组

成计税价格确定。

$$组成计税价格 = 成本×（1+成本利润率）$$

属于应征消费税的货物，其组成计税价格应加计消费税额。公式中的成本是指销售自产货物的为实际生产成本，销售外购货物的为实际采购成本。公式中的成本利润率由国家税务总局确定。

例 5 清河公司是增值税一般纳税人，3 月份将自产的 C 商品用作对外投资。该批商品生产成本为 120 000 元。该公司和其他纳税人最近没有销售过同类货物，国家税务总局核定该商品成本利润率为 10%。计算该项业务的增值税销项税额。

【解析】将自产货物用于对外投资，属于增值税视同销售行为，应缴纳增值税。该项货物没有最近时期同类货物的平均售价作为参考，税务机关按组成计税价格核定其销售额。

组成计税价格=120 000×（1+10%）=132 000（元）

销项税额=132 000×17%=22 440（元）

（2）进项税额的计算。纳税人购进货物或接受应税劳务，支付或负担的增值税额为进项税额，有关进项税额规定如下。

准予抵扣的进项税额。一是购进货物或接受应税劳务取得的增值税专用发票上注明的增值税额。二是进口货物从海关取得的海关进口增值税专用缴款书上注明的增值税额。三是购进农产品，除上述两项外，按照农产品收购发票或销售发票上注明的农产品买价和 13%扣除率计算的进项税额。进项税额的计算公式为：

进项税额=买价×13%

四是购销货物及在生产经营过程中支付运输费的，按照运输费用结算单据上注明的运输费用金额和 7%的扣除率计算的进项税额。进项税额的计算公式为：

进项税额=运输费用金额×7%

运输费用金额是指运输费用结算单据上注明的运输费用（包括铁路运输费用）、建设基金，不包括装卸费、保险费等其他杂费。

例 6 清河公司是增值税一般纳税人，3 月份购进商品取得增值税专用发票，发票注明价款 176 000 元，税款 29 920 元；购进农产品取得普通发票，发票注明款项 50 000 元；购销过程发生运输费用，取得运输费发票（全国公路、内河运输统一发票）注明运输费 4 200 元。计算该公司 3 月份的增值税进项税额。

【解析】从销售方取得的增值税专用发票，可以按其注明的税额 29 920 元抵扣；购进农产品取得普通发票可按买价 50 000 元的 13%抵扣；取得运输发票可按运输费用 4 200 元的 7%抵扣。

进项税额=29 920+50 000×13%+4 200×7%=36 714（元）

知识拓展

“营改增”后的运费抵扣规定

①“营改增”后，一般纳税人取得货物运输增值税专用发票，按照发票上注明

的税额进行抵扣，取得的是非试点地区的企业开出的运费结算单据，仍按运输费用的 7%进行抵扣。

② 下列项目的进项税额不得抵扣。一是用于非增值税应税项目、免征增值税项目、集体福利或个人消费的购进货物或应税劳务。二是非正常损失的购进货物及相关应税劳务，非正常损失的在产品、产成品所耗用的购进货物或应税劳务。非正常损失是指因管理不善造成被盗、丢失、霉烂变质的损失。三是财政、税务主管部门规定的纳税人自用消费品。四是上述三项规定货物的运输费用和销售免税货物的运输费用。

例 7 接上例，清河公司 3 月份购进商品中，有 2 000 元因管理不善而丢失，经查其购进时支付的增值税为 340 元。计算该公司 3 月份实际准予抵扣的进项税额。

【解析】上例该公司 3 月份进项税额为 36 714 元，但因管理不善造成的货物丢失属于非正常损失的购进货物，不得从销项税额中抵扣，其进项税额 340 元需要转出。

准予抵扣的进项税额=36 714-340=36 374（元）

6. 小规模纳税人应纳增值税额的计算

小规模纳税人销售货物或应税劳务，实行按销售额和征收率计算应纳税额的简易办法，不得抵扣进项税额。其应纳增值税额的计算公式为：

应纳税额=销售额×3%

由于小规模纳税人不能开具增值税专用发票，因此其销售时向购买方收取的款项是价税合并的，在计算时，应先将其换算为不含税销售额后再进行计算，其换算公式为：

不含税销售额=含税销售额÷（1+征收率）

例 8 清海公司是增值税小规模纳税人，3 月份销售商品共收取 35 000 元。计算该公司应纳增值税额。

【解析】小规模纳税人收取的款项 35 000 元是含税的销售额，需要进行价税分离，换算为不含税销售额后再计算应纳税额。

不含税销售额=35 000÷（1+3%）=33 980.58（元）

应纳增值税额=35 000-33 980.58=1 019.42（元）

或 =33 980.58×3%=1 019.42（元）

7. 增值税的减免

（1）免征增值税项目有如下几种。

① 农业生产者销售自产农产品。

② 避孕药品和用具。

③ 古旧图书。

④ 直接用于科学研究、科学试验和教学的进口仪器、设备。

⑤ 外国政府、国际组织无偿援助的进口物资和设备。

⑥ 由残疾人组织直接进口供残疾人专用的物品。

⑦ 销售自己使用过的物品。

（2）增值税的起征点。

增值税起征点的适用范围限于个人。增值税起征点的幅度规定如下：

① 销售货物的，为月销售额 5 000～20 000 元；

② 销售应税劳务的，为月销售额 5 000～20 000 元；

③ 按次纳税的，为每次（日）销售额 300～500 元。

上述所称的销售额，是指小规模纳税人的不含税销售额，不包括其应纳税额。

8. 增值税的纳税地点、纳税期限

（1）纳税地点。固定业户应当向其机构所在地主管税务机关申报纳税；总机构和分支机构不在同一县（市）的，应分别向各自所在地主管税务机关申报纳税；固定业户外出经营的，应向其机构所在地主管税务机关申请开具外出经营活动税收管理证明，向所在地主管税务机关申报纳税，未持有外出经营活动税收证明的，应向销售点主管税务机关申报纳税。

（2）纳税期限。企业纳税人一般以 1 个月为 1 个纳税期，自期满之日起 15 日内申报纳税。

9. 增值税业务核算的账户设置

（1）一般纳税人增值税业务核算的账户设置。为了核算企业应缴增值税的发生、抵扣、缴纳、退税及转出等情况，一般纳税人企业应在“应缴税费”一级科目下设“应缴增值税”、“未缴增值税”两个明细科目。

①“应缴税费——应缴增值税”账户。在“应缴税费——应缴增值税”二级科目下分别设置“进项税额”、“已缴税金”、“销项税额”、“进项税额转出”、“出口退税”、“转出未缴增值税”、“转出多缴增值税”等专栏，该账户采用多栏式账户进行核算。具体核算内容如表 3-2 所示。

表 3-2　“应缴税费——应缴增值税”账户的核算内容

方向	明细科目	核算内容
借方	进项税额	登记购入货物或接受应税劳务而支付的、准予从销项税额中抵扣的增值税额。退回所购货物应冲销的进项税额，用红字登记
	已缴税金	登记已缴纳的本月应缴的增值税额
	转出未缴增值税	登记月终转出应缴未缴的增值税额
贷方	销项税额	登记销售货物或提供应税劳务应收取的增值税额。退回销售货物应冲销销项税额，用红字登记
	进项税额转出	登记购进货物、在产品、产成品等发生非正常损失以及其他原因不应从销项税额中抵扣，按规定转出的进项税额
	转出多缴增值税	登记月末转出多缴的增值税

值得注意的是，“应缴税费——应缴增值税”账户期末如为借方余额，反映当期尚未抵扣的进项税额。

②“应缴税费——未缴增值税”账户。“应缴税费——未缴增值税”账户结构如图 3-2 所示。

借	应缴税费——未缴增值税	贷
登记转入多缴的增值税额		登记月末从“应缴增值税”账户转入应缴未缴增值税额
期末余额：多缴的增值税额		期末余额：尚未缴纳的增值税额

图 3-2 “应缴税费——未缴增值税”账户

月末，企业计算出当月应缴未缴的增值税，借记“应缴税费——应缴增值税（转出未缴增值税）”科目，贷记“应缴税费——未缴增值税”科目；当月多缴的增值税，借记“应缴税费——未缴增值税”科目，贷记“应缴税费——应缴增值税（转出多交增值税）”科目。结转后，“应缴税费——应缴增值税”科目的余额反映企业尚未抵扣的增值税。

知识拓展

“营改增”试点期间，采取“营改增”试点的一般纳税人提供应税服务一般计税方法为：应纳税额=当期销项税额–当期进项税额。

采取“营改增”试点的企业接受应税服务，按照国家有关营业税政策规定差额征收营业税的，允许其以取得的全部价款和价外费用，扣除支付给非试点纳税人（试点地区不按照《试点实施办法》缴纳增值税的纳税人和非试点地区的纳税人）价款后的余额为销售额。

例 上海市天天到运输公司是增值税一般纳税人，2012 年 7 月取得全部收入 200 万元，其中，国内客运收入 185 万元，销售货物取得支票收入 12 万元，运送该批货物取得运输收入 3 万元。支付非试点联运企业运费 50 万元并取得交通运输业专用发票，购买运输货车取得增值税专用发票注明价款 10 万元，增值税额 1.7 万元，购进运输车辆汽油费取得的增值税专用发票不注明的价款是 30 万元，增值税额 5.1 万元。假设该企业本月进项税额为 0，期初留抵税额也为 0，其增值税额计算如表 3-3 所示。

表 3-3　　天天到运输公司应交增值税额计算表　　金额单位：元

项目	纳税项目	不含税应税收入	应缴增值税税额
销项税额	客运收入 1 850 000 运送货物取得运输收入 30 000	应税劳务收入 =(1 850 000+30 000)÷(1+11%) =1 693 693.69	应税劳务应缴增值税税额 =1 693 693.69×11% =186 306.31
	销售货物取得支票收入 120 000	销售货物取得收入 =120 000÷(1+17%) =102 564.10	销售货物应缴增值税税额 =102 564.10×17% =17 435.90
小　计		1 796 257.79	203 742.21
抵减的销项税额	支付非试点联运企业运费 500 000	支付的劳务成本 =500 000÷(1+11%) =450 450.45	抵减的销项税额 =450 450.45×11% =49 549.55

（1）天天到运输公司按规定提供劳务、兼营销售货物等应交的增值税销项税额为 203 742.24 元，编制会计分录如下。

借：银行存款　　2 000 000

　　贷：主营业务收入　　1 796 257.79

　　　　应缴税费——应缴增值税（销项税额）　　203 742.21

采取“营改增”试点的一般纳税人支付给联运企业运费（非试点纳税人）价款的，按差额征收规定，在“应缴税费——应缴增值税”科目下增设“‘营改增’抵减的销项税额”专栏，用于记录该企业按规定扣减销售额而减少的销项税额，编制会计分录如下。

借：主营业务成本　　450 450.45

　　应缴税费——应缴增值税（“营改增”抵减的销项税额）　　49 549.55

　　贷：银行存款　　500 000

（2）购进货物等，取得增值税专用发票。

借：固定资产　　100 000

　　应缴税费——应缴增值税（进项税额）　　17 000

　　贷：银行存款　　117 000

借：主营业务成本　　300 000

　　应缴税费——应缴增值税（进项税额）　　51 000

　　贷：银行存款　　351 000

（3）核算本期应缴增值税。

本期应纳增值税额=（203 742.21−49 549.55）−（17 000+51 000）

=86 192.66（元）

借：应缴税费——应缴增值税（转出未缴增值税）　　86 192.66

　　贷：应缴税费——未缴增值税　　86 192.66

（2）小规模纳税人增值税业务核算的账户设置。小规模纳税人在“应缴税费”一级科目下设“应缴增值税”明细科目，采用三栏式账页，其账户结构如图 3-3 所示。

借　　应缴税费——应缴增值税	贷
登记已缴纳的增值税额	登记销售货物时向购买方收取的、应缴纳的增值税额
期末余额：多缴的增值税额	期末余额：尚未缴纳的增值税额

图 3-3 “应缴税费——应缴增值税”账户

任务1 增值税业务核算

活动 1 一般纳税人增值税业务的核算

活动描述

滨海市百里香酒业有限公司 2013 年 2 月发生以下增值税业务，进行会计业务核算。

该公司基本资料见模块 1，2 月份“应缴税费——应缴增值税”期初借方余额为 18 980.70 元。

【业务 1】7 日，采购原材料一批，会计取得以下单据，如图 3-4 所示。（增值税专用发票抵扣联略）

增值税专用发票

发票联

（印章：全国统一发票监制章 国家税务局监制）

4400081234 NO 031585578

开票日期 2013 年 2 月 7 日

购货单位	名称：滨海市百里香酒业有限公司 纳税人识别号：340104330663123 地址、电话：滨海市沿江二路 1 号 0515-83340415 开户行及账号：工行沿江支行 1246248972	密码区	（略）

货物或应税劳务名称	规格型号	单位	数量	单价	金额	税率	税额
优质大米		吨	200	1 800	360 000.00	13%	46 800.00
木薯		吨	350	830	290 500.00	13%	37 765.00
合计					¥650 500.00		¥84 565.00
价税合计（大写）	⊗柒拾叁万伍仟零陆拾伍圆整					（小写）¥735 065.00	

销货单位	名称：滨海市品丰米业有限公司 纳税人识别号：340106786698735 地址、电话：南华路 A 号 37088820 开户行及账号：建行华南路支行 0246247713	备注	（印章：滨海市品丰米业有限公司 340106786698735 发票专用章）

收款人： 复核： 开票人：黄琴 销货单位：

第三联 发票联 购货方记账凭证

图 3-4 增值税专用发票

注：收料单略

【业务 2】10 日，向滨海市东明糖烟酒有限公司销售商品，根据合同，如表 3-4 所示，开具增值税专用发票。

【业务 3】15 日，购入酿酒设备 1 台，取得以下单据，如图 3-5、图 3-6 所示。（购入设备增值税专用发票略，发票号码 01252211，发票注明价款 46 000 元，增值税款 7 820 元，价税合计 53 820 元。固定资产验收单略。）

表 3-4　　滨海市百里香酒业有限公司购销合同（简表）

购货方	**滨海市东明糖烟酒有限公司**		**地址：解放路 15 号**		**开户行：工行桂河支行**
纳税人识别号	340103160422132		电话：0515-36180271		账号：0346248143
销售商品	品名	单位	数量	单价（不含税，元）	金额（不含税，元）
	百里香薯类酒精	吨	150	1 200.00	180 000.00
货款结算方式	付款条件为 2/10，N/30				

货物运输业增值税专用发票

全国统一发票监制章　发票联　国家税务局监制

3100226750　　No 87659012

开票日期 2013 年 2 月 15 日

承运人及纳税人识别号	天天到物流有限公司 340103160466242			密码区	（略）		
实际受票方及纳税人识别号	滨海市百里香酒业有限公司 340104330663123						
收货人及纳税人识别号	滨海市百里香酒业有限公司 340104330663123		发货人及纳税人识别号	滨海市宏发酒业设备有限公司 340103160469011			
起讫地、经由、到达地							
费用项目及金额	费用项目：运输费	金额：450.00	费用项目	金额	运输货物信息	酿酒设备 1 台	
合计金额	¥450.00	税率	11%	税额	¥49.50	机器编号	4908
价税合计（大写）	⊗ 肆佰玖拾玖圆伍角整			（小写）¥499.50			
车种车号	滨 AT888	车船吨位		备注			
主管税务机关及代码	滨海白云税务分局						

第三联　发票联　受票方记账凭证

收款人：匡 萍　　复核人：　　开票人：庄海明　　承运人：（章）

天天到物流有限公司　340103160466242　发票专用章

图 3-5　货物运输业增值税专用发票

中国建设银行

支票存根

10203040

41607081

附加信息________________

____

____

出票日期：2013 年 2 月 15 日

收款人：滨海市宏发酒业设备
有限公司
金　额：¥54 319.50
用　途：购买设备

单位主管　　　会计

图 3-6　支票存根

【业务 4】21 日，向鑫华酒业有限公司销售商品，根据合同，如表 3-5 所示，开具增值税专用发票。取得鑫华酒业有限公司开出的支票送存银行。（进账单略）

表 3-5　　**滨海市百里香酒业有限公司购销合同（简表）**

购货方	**鑫华酒业有限公司**		**地址：华泰路 8 号**		**开户行：建行华泰支行**
纳税人识别号	330103160421154		电话：0515-76180200		账号：0246245677
销售商品	品名	单位	数量	单价（不含税，元）	金额（不含税，元）
	百里香 44°白酒	吨	120	5 000.00	600 000.00
货款结算方式	支票结算				

【业务 5】26 日，公司决定，给公司职工发放 50° 百里香白酒，共发放 230 箱，每箱的生产成本为 80 元，市场销售不含税单价为 100 元。（产品出库单略）

【业务 6】28 日，计算结转本月“应缴税费——应缴增值税”账户。

活动指导

该公司按如下工作步骤进行 2 月份增值税业务核算工作。

【步骤 1】平时，分析发生的增值税业务，进行相关会计处理。

1. 处理购进商品或材料、接受应税劳务等发生的进项税额业务

（1）正常材料、商品采购业务。审核采购业务取得的增值税专用发票等原始单据，将抵扣联收集保管，月末进行认证。根据增值税专用发票的发票联及收料单等，编制记账凭证。

根据【业务 1】，编制记账凭证如表 3-6 所示。

表 3-6 **记 账 凭 证**

2013 年 2 月 7 日 字（略）号

摘要	总账科目	明细科目	借方金额											贷方金额											记账√
			亿	千	百	十	万	千	百	十	元	角	分	亿	千	百	十	万	千	百	十	元	角	分	
采购材料	原材料	优质大米				3	6	0	0	0	0	0	0												
	原材料	木 薯				2	9	0	5	0	0	0	0												
	应缴税费	应缴增值税（进项税额）					8	4	5	6	5	0	0												
	应缴账款	品丰米业有限公司															7	3	5	0	6	5	0	0	
附件 2 张	合 计				¥	7	3	5	0	6	5	0	0			¥	7	3	5	0	6	5	0	0	

会计主管： 记账： 出纳： 审核： 制证：冯东灵

（2）采购并取得运费发票业务处理。发生采购并取得运费发票业务，验收时首先要计算购入货物的实际采购成本，再根据审核无误的购货增值税专用发票、运费增值税专用发票、货物验收单据、支票存根等编制记账凭证，如表 3-7 所示。

根据【业务 3】，固定资产的实际成本=46 000+450=46 450（元），增值税进项税额=7 820+49.50=7 869.50（元）。

表 3-7 **简易记账凭证**

日期	凭证		摘要	会计分录	附件
	字	号			
15 日		略	购进设备	借：固定资产 46 450.00 应缴税费——应缴增值税（进项税额） 7 869.50 贷：银行存款 54 319.50	4

2. 处理销售商品、提供应税劳务等发生的销项税额业务

（1）销售商品业务。根据业务部转来的销售合同，开具增值税专用发票，将增值税专用发票的第二联抵扣联、第三联发票联交购货单位，将第一联记账联作为销售商品的记账依据。

根据【业务 2】的销售合同开具增值税专用发票，如图 3-7 所示，根据增值税专用发票记账联编制记账凭证，如表 3-8 所示。

增值税专用发票

记账联

4400234081　　NO 038557815

开票日期　2013 年 2 月 10 日

<table>
<tr><td rowspan="4">购货单位</td><td colspan="6">名　　称：滨海市东明糖烟酒有限公司</td><td rowspan="4">密码区</td><td colspan="2" rowspan="4">（略）</td></tr>
<tr><td colspan="6">纳税人识别号：340103160422132</td></tr>
<tr><td colspan="6">地 址、电 话：解放路 15 号　0515-36180271</td></tr>
<tr><td colspan="6">开户行及账号：工行桂河支行　0346248143</td></tr>
<tr><td colspan="2">货物或应税劳务名称</td><td>规格型号</td><td>单位</td><td>数量</td><td>单价</td><td colspan="2">金　额</td><td>税率</td><td>税　额</td></tr>
<tr><td colspan="2">百里香薯类酒精</td><td></td><td>吨</td><td>150</td><td>1 200</td><td colspan="2">180 000.00</td><td>17%</td><td>30 600.00</td></tr>
<tr><td colspan="2">合　　计</td><td></td><td></td><td></td><td></td><td colspan="2">¥180 000.00</td><td></td><td>¥30 600.00</td></tr>
<tr><td colspan="2">价税合计（大写）</td><td colspan="6">⊗ 贰拾壹万零陆佰圆整</td><td colspan="2">（小写）¥210 600.00</td></tr>
<tr><td rowspan="4">销货单位</td><td colspan="6">名　　称：滨海市百里香酒业有限公司</td><td rowspan="4">备注</td><td colspan="2" rowspan="4">滨海市百里香酒业有限公司
340104330663123
发票专用章</td></tr>
<tr><td colspan="6">纳税人识别号：340104330663123</td></tr>
<tr><td colspan="6">地 址、电 话：滨海市沿江二路 1 号　0515-83340415</td></tr>
<tr><td colspan="6">开户行及账号：工行沿江支行　0346248972</td></tr>
</table>

收款人：　　复核：　　开票人：冯东灵　　销货单位：

第一联　记账联　销货方记账凭证

图 3-7　增值税专用发票

表 3-8　　**简易记账凭证**

日期	凭证		摘　要	会计分录	附件
	字	号			
10日		略	销售商品，款项未收	借：应收账款——东明糖烟酒有限公司　210 600 贷：主营业务收入　180 000 应缴税费——应缴增值税（销项税额）　30 600	1

【业务 4】与【业务 2】基本相同，只是结算方式不同，根据销售发票联、进账单等编制记账凭证，如表 3-9 所示。

表 3-9　　**简易记账凭证**

日期	凭证		摘　要	会计分录	附件
	字	号			
21日		略	销售商品，款项已收	借：银行存款　702 000 贷：主营业务收入　600 000 应缴税费——应缴增值税（销项税额）　102 000	2

（2）视同销售等其他销售业务。如果是本企业自身的视同销售行为，如用公司产品给职工发放福利等，一般不用开具增值税专用发票，应作无票销售收入申报纳税。如果为企业对外视同销售行为，则应开具销售发票。

根据【业务 5】，首先要计算视同销售的销项税额、职工福利费，再根据出库单等资料编制记账凭证，如表 3-10 所示。

增值税销项税额=230×100×17%=3 910（元）

职工福利费=18 400+3 910=22 310（元）

表 3-10　　简易记账凭证

日期	凭证		摘要	会计分录		附件
	字	号				
26 日		略	将自产产品发给职工	借：应付职工薪酬——职工福利费 贷：库存商品 应交税费——应缴增值税（销项税额）	22 310 18 400 3 910	1

【步骤 2】月末，计算本月应纳增值税额，并结转本月“应缴税费——应缴增值税”账户。

本月销项税额=30 600+102 000+3 910=136 510（元）

本月可抵扣进项税额=18 980.70+84 565+7 869.50=111 415.20（元）

本月应纳增值税额=136 510-111 415.20=25 094.80（元）

根据上述计算结果，结转本月应缴未缴增值税额，编制记账凭证，如表 3-11 所示。

表 3-11　　简易记账凭证

日期	凭证		摘要	会计分录		附件
	字	号				
28 日		略	结转本月应缴未缴增值税额	借：应缴税费——应缴增值税（转出未交增值税） 贷：应缴税费——未缴增值税	25 094.80 25 094.80	1

【步骤 3】根据记账凭证，登记“应缴税费——应缴增值税”明细账，如表 3-12 所示，和其他相关账簿。

表 3-12　　“应缴税费——应缴增值税”明细账

2013 年		凭证编号	摘要	借方				贷方			借或贷	余额
月	日			合计	进项税额	已缴税金	转出未缴增值税	合计	销项税额	进项税额转出		
2	1		期初余额								借	18 980.70
	7	略	采购材料	84 565.00	84 565.00							
	10		销售商品					30 600.00	30 600.00			
	15		购进设备	7 869.50	7 869.50							
	21		销售商品					102 000.00	102 000.00			

续表

2013年		凭证编号	摘要	借方				贷方			借或贷	余额
月	日			合计	进项税额	已缴税金	转出未缴增值税	合计	销项税额	进项税额转出		
	26		产品发给职工					3 910.00	3 910.00			
	28		结转应缴未缴增值税	25 094.80			25 094.80				平	δ
			本月合计	117 529.30	92 434.50		25 094.80	136 510.00	136 510.00		平	δ

活动拓展

2013 年 3 月 6 日，滨海市百里香酒业有限公司收到银行转来的电子缴税回单，税务机关从本公司账户中扣除 2 月份应缴增值税 25 094.80 元。根据电子缴税回单，编制会计分录如下。

借：应缴税费——未缴增值税　　　　25 094.80

　　贷：银行存款　　　　25 094.80

活动 2　小规模纳税人增值税业务的核算

活动描述

滨海市百粮酒贸易公司基本资料如表 3-13 所示。

表 3-13　　滨海市百粮酒贸易公司基本情况

企业名称	滨海市百粮酒贸易公司
企业类型	有限责任公司、小规模纳税人
经营范围	主营白酒、红酒生产、销售，兼营加工
注册资本	人民币 50 万元
法人代表	李安红
会计主管	陈晓发
会　计	王玲
出　纳	李明浩 身份证：340011198011201233 发证机关：滨海市公安局光华分局
住址、邮编	滨海市沿江二路 15 号　　505095
电　话	0515-83340548

续表

纳税人登记证号	340102007633219
开户银行	工行沿江支行
账号	1235468952
经营范围	产品生产、销售
征税机关	灵山税务分局

滨海市百粮酒贸易公司 2013 年 2 月“应缴税费——应缴增值税”期初借方余额为 0，发生以下有关增值税业务，进行会计业务核算。

【业务 1】11 日，购入原材料，材料如数验收入库，已开出支票支付款项，取得以下单据，如图 3-8 所示（支票存根、收料单略）。

增值税普通发票

发票联

（印章：全国统一发票监制章 ××税务局监制）

4408120034　　　　NO 031578585

开票日期　2013 年 2 月 11 日

购货单位	名　　称：滨海市百粮酒贸易公司 纳税人识别号：340102007633219 地 址、电 话：滨海市沿江二路 15 号　0515-83340548 开户行及账号：工行沿江支行　1235468952	密码区	（略）			
货物或应税劳务名称	规格型号	单位	数量	单价	金额	税率	税额
优质大米		吨	100	1 800	180 000.00	13%	23 400.00
合　　计					¥180 000.00		¥23 400.00
价税合计（大写）	⊗ 贰拾万叁仟肆佰圆整				（小写）¥203 400.00		
销货单位	名　　称：滨海市品丰米业有限公司 纳税人识别号：340106786698735 地 址、电 话：南华路 A 号　0515-37088820 开户行及账号：建行华南路支行　0246247713	备注	（印章：滨海市品丰米业有限公司 340106786698735 发票专用章）			

第二联　发票联　购货方记账凭证

收款人：　　复核：　　开票人：黄琴　　销货单位：发票专用章

图 3-8　增值税普通发票

【业务 2】18 日，向滨海市新兴烟酒有限公司销售商品，根据销售合同，如表 3-14 所示，开具发票。

【业务 3】27 日，为客户提供加工劳务，开具发票，如图 3-9 所示，款项已存入银行（进账单略）。

表 3-14　　滨海市百粮酒贸易公司购销合同（简表）

购货方	滨海市新兴烟酒有限公司	地址：南沿路 15 号		开户行：工行南沿支行	
纳税人识别号	340102007633219	电话：0515-36109689		账号：0346258315	
销售商品	品名	单位	数量	单价（含税，元）	金额（含税，元）
	薯类酒精	吨	80	1 236.00	98 880.00
货款结算方式	付款条件为 2/10，N/30				

滨海市国家税务局通用机打发票

（全国统一发票监制章　国家税务局监制）

发票代码 144011122201

开票日期: 2013-02-27 日　行业分类：加工业　　发票号码 00228323

顾客名称：滨海市北天酒业公司

地　　址：滨海市南天路 324 号

项目	单位	数量	单价	金额
白酒加工费	顿	10	4 120.00	4 1200.00

（滨海市百粮酒贸易公司　340102007633219　发票专用章）

合计金额大写：肆万壹仟贰佰圆整　　合计小写金额：¥41 200.00

备注：

开票人：王玲　收款人：李明浩　开票单位（盖章）

第三联 收款单位记账联 手写无效

查验发票及查询发票防伪措施请登录国家税务局网址　　（本发票开具合计金额超过十万元无效）

图 3-9　加工发票

活动指导

该公司按以下工作步骤进行 2 月份增值税业务核算工作。

【步骤】分析发生的增值税业务，进行相关会计处理。

1. 处理购进货物、接受应税劳务等业务

根据我国现行增值税制度规定，小规模纳税人实行简易法征收税款，不得抵扣进项税额，因此，购进货物时不论取得何种发票，其所付的税款均不必单独反映，应计入采购成本。

根据【业务 1】，材料采购成本包括支付的全部价款和税款，即 203 400 元。根据采购发票、支票存根、收料单等编制记账凭证（见表 3-15）。

表 3-15　　简易记账凭证

日期	凭证 字	凭证 号	摘要	会计分录			附件
11 日		略	购买材料	借：原材料——优质大米	203 400		3
				贷：银行存款		203 400	

2. 处理销售商品、提供应税劳务等业务

（1）开具发票。根据规定，小规模纳税人只能开具普通发票，【业务 2】中，根据合同开具普通发票，如图 3-10 所示。

商品销售统一发票

记账联

购货单位
及地址：滨海市新兴烟酒有限公司

发票代码 14400082142
发票号码 41846152
2013 年 2 月 18 日填发

品名规格	单位	计量单位	单价	超过万元无效	万	千	百	拾	元	角	分	备注
薯类酒精	吨	80	1236.00		9	8	8	8	0	0	0	
合计金额（大写）	玖万捌仟捌佰捌拾零元零角零分			小写合计	9	8	8	8	0	0	0	

第三联 收款方记账凭证

开票人：王玲　　收款人：李明浩　　　　业户名称：（章）

（印章：滨海市百粮酒贸易公司 340102007633219 发票专用章）

图 3-10　销售发票

（2）计算不含税收入和应纳增值税税额。小规模纳税人取得的销售款项均为含税收入，应先转换为不含税收入。

根据【业务 2】计算如下：

不含税销售额=98 880 ÷（1+3%）=96 000（元）

应纳增值税税额=98 880−96 000=2 880（元）

或　　　　=96 000 × 3%=2 880（元）

根据【业务 3】计算如下：

不含税销售额=41 200 ÷（1+3%）=40 000（元）

应纳增值税税额=41 200−40 000=1 200（元）

或　　　　=40 000 × 3%=1 200（元）

（3）编制记账凭证。根据审核无误的发票、进账单等编制记账凭证，如表 3-16、表 3-17 所示。

表 3-16　　　　**简易记账凭证**

日期	凭证 字	凭证 号	摘要	会计分录	附件
18 日		略	销售薯类酒精，款项未收	借：应收账款——滨海市新兴烟酒有限公司 98 880 贷：主营业务收入 96 000 应缴税费——应缴增值税 2 880	1

表 3-17　　　　　　　　　　　　　　　　简易记账凭证

日期	凭证		摘　要	会计分录	附件
	字	号			
27 日		略	为客户提供加工劳务	借：银行存款　　41 200 　贷：主营业务收入　　40 000 　　　应缴税费——应缴增值税　　1 200	1

活动拓展

2013 年 3 月 5 日，滨海市百粮酒贸易公司收到银行转来的电子缴税回单，税务机关从本公司账户中扣除 2 月份应缴增值税 4 080 元。根据电子缴税回单，编制会计分录如下：

借：应缴税费——应缴增值税　　4 080

　贷：银行存款　　4 080

任务2　增值税纳税申报

增值税一般纳税人纳税申报是指增值税一般纳税人依照税收法律法规规定或主管税务机关依法确定的申报期限，无论本月应纳增值税额是否增多都应向主管税务机关办理增值税纳税申报的业务。

活动 1　一般纳税人增值税纳税申报

活动描述

2013 年 3 月 6 日，滨海市百里香酒业有限公司会计进行纳税申报。

活动指导

【步骤 1】增值税专用发票认证。

增值税一般纳税人申报抵扣的增值税专用发票和货物运输发票必须先进行认证，认证后的抵扣凭证方可进行进项税额抵扣。纳税人可以持增值税专用发票和货物运输发票的抵扣联在办税服务厅发票认证窗口认证，或进行远程认证。增值税一般纳税人抵扣凭证一般规定如表 3-18 所示。

网上认证操作步骤因全国各地软件和税务机关规定不一致有所不同，但程序大致相同。单击“网上认证程序”，将需要认证的增值税专用发票抵扣联，逐一放置扫描仪中扫描采集，执行“发票扫描录入”。

首先，滨海市百里香酒业有限公司对取得的号码为 031585578、01252211 的增值税专用发票抵扣联进行网上认证，如图 3-11 所示。

表 3-18　　　　增值税一般纳税人抵扣凭证一般规定

<table>
<tr><th>抵扣凭证类型</th><th>适用税率或扣除率</th><th>抵扣税额</th><th>抵扣条件</th><th>抵扣时限</th><th>备注</th></tr>
<tr><td>增值税专用发票</td><td>17%、13%、6%、3%（代开）</td><td rowspan="3">按照发票上注明的增值税额抵扣进项税额（取得代开货物运输业增值税专用发票，按照价税合计金额和 7%扣除率计算进项税额）</td><td rowspan="3">在抵扣时限内抵扣，抵扣前须到主管税务机关办理认证</td><td rowspan="3">在开具之日起 180 日内到税务机关办理认证，并在认证通过的次月申报期内，向主管税务机关申报抵扣进项税额</td><td>可网上认证或到办税服务厅认证</td></tr>
<tr><td>货物运输业增值税专用发票</td><td>11%、3%（代开）</td><td>只可到办税大厅认证，不可网上认证</td></tr>
<tr><td>机动车销售统一发票</td><td>17%</td><td>1. 仅限税控发票；
2. 只可到办税大厅认证，不可网上认证</td></tr>
</table>

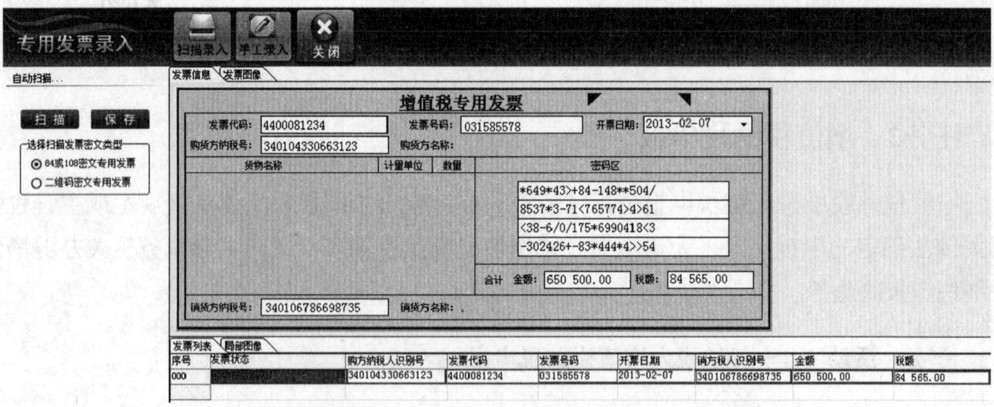

图 3-11　增值税专用发票抵扣联网上发票扫描录入页面

每批次扫描采集完后，执行程序界面上的“保存”命令，通过“网上认证程序”中“信息发送”按钮发送上传到国税机关，等待反馈信息。在及时获取成功信息后，则通过认证（见图 3-12）；不符者，应仔细校对后再执行上述步骤（也可通过手工录入校正）。

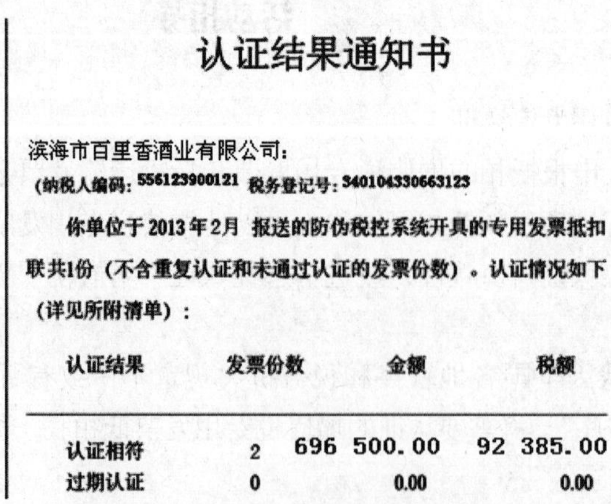

认证结果通知书

滨海市百里香酒业有限公司：

（纳税人编码：556123900121　税务登记号：340104330663123

你单位于 2013 年 2 月 报送的防伪税控系统开具的专用发票抵扣联共1份（不含重复认证和未通过认证的发票份数）。认证情况如下（详见所附清单）：

认证结果	发票份数	金额	税额
认证相符	2	696 500.00	92 385.00
过期认证	0	0.00	0.00

图 3-12　增值税专用发票通过认证页面

其次，到办税大厅办理号码为 87659012 的货物运输业增值税专用发票抵扣联认证。

【步骤 2】填写增值税纳税申报表及申报附列资料。

（1）填写《增值税纳税申报表（一般纳税人适用）》，如表 3-19 所示。

滨海市百里香酒业有限公司填写本表主要栏目如下。

第 2 栏“应税货物销售额”填写纳税人本期按适用税率计算增值税的应税货物的销售额，包含在财务上不作销售但按税法规定应缴纳增值税的视同销售货物和价外费用销售额，以及外贸企业作价销售进料加工复出口货物的销售额。

应税货物销售额=180 000+600 000+230×100=803 000（元）

第 11 栏“销项税额”、第 12 栏“进项税额”、第 13 栏“上期留抵税额”等栏目可根据“应缴税费——应缴增值税”明细账等资料计算填列。

销项税额=30 600+102 000+3 910=136 510（元）

进项税额=84 565+7 869.50=92 434.50（元）

（2）填写《增值税纳税申报表附列资料（一）》（见表 3-20）、《增值税纳税申报表附列资料（二）》（见表 3-21）、《固定资产进项税额抵扣情况表》（见表 3-22）。其中《固定资产进项税额抵扣情况表》属必报资料，若无固定资产抵扣额发生的，应填写零并同时申报。

【步骤 3】税控开票系统抄报税。

使用防伪税控系统开具增值税专用发票的纳税人必须在抄报税成功后，方可进行纳税申报。

1. 抄税

每月初 15 日前（一般是 1 日），使用税控开票系统增值税一般纳税人在开票软件上将上月所属期的开票数据抄到报税盘或 IC 卡中。

抄到报税盘是指没有购买货物运输增值税专用发票开票系统（以下简称为“货运专票税控系统”）、机动车销售统一发票税控开票系统（以下简称“机动车税控系统”）报税盘的纳税人，将开票数据抄至税控盘中（下同）。

2. 报税

报税是将税控开票系统抄至报税盘或 IC 卡中的开票数据报送至税务机关。报税的方式可选择网上报税或上门报税。

使用增值税专用发票防伪税控系统（以下简称为“防伪税控系统”）金税卡和 IC 卡并开通网上报税功能的增值税一般纳税人可进行网上报税，操作流程是进入“易税门户——网上抄报税系统”，选择“网上抄报税→抄报税管理→网上抄税”或单击步骤一“网上抄税”按钮，出现一个对话框，要求确认是否插入了 IC 卡，是否要进行网上抄税操作。单击“确定”按钮，进行网上抄税。

【步骤 4】纳税申报。

纳税人除按规定报送电子信息外还须报送统一格式的纸质申报资料。

1. 生成申报文件

纳税人通过“企业电子报税管理软件”生成申报文件。

表 3-19

增值税纳税申报表（一般纳税人适用）

根据国家税收法律法规及增值税相关规定制定本表。纳税人不论有无销售额，均应按税务机关核定的纳税期限填写本表，并向当地税务机关申报。

税款所属时间：自 2013 年 02 月 01 日至 2013 年 02 月 28 日　　填表日期：2013 年 03 月 06 日　　金额单位：元（列至角分）

<table>
<tr><td>纳税人识别号</td><td colspan="3">340104330663123</td><td></td><td></td><td></td><td colspan="3">所属行业：制造业</td></tr>
<tr><td>纳税人名称</td><td>滨海市百里香酒业有限公司（公章）</td><td>法定代表人姓名</td><td>顾明伟</td><td>注册地址</td><td>滨海市沿江二路 1 号</td><td colspan="2">生产经营地址</td><td colspan="2">滨海市沿江二路 1 号</td></tr>
<tr><td>开户银行及账号</td><td colspan="2">工行沿江支行 1246248972</td><td colspan="3">登记注册类型</td><td colspan="2">有限责任公司</td><td>电话号码</td><td>0515-83340415</td></tr>
</table>

<table>
<tr><td colspan="2" rowspan="2">项　目</td><td rowspan="2">栏次</td><td colspan="2">一般货物、劳务和应税服务</td><td colspan="2">即征即退货物、劳务和应税服务</td></tr>
<tr><td>本月数</td><td>本年累计</td><td>本月数</td><td>本年累计</td></tr>
<tr><td rowspan="10">销售额</td><td>（一）按适用税率征税货物及劳务销售额</td><td>1</td><td>803 000.00</td><td>803 000.00</td><td></td><td></td></tr>
<tr><td>其中：应税货物销售额</td><td>2</td><td>803 000.00</td><td>803 000.00</td><td></td><td></td></tr>
<tr><td>应税劳务销售额</td><td>3</td><td></td><td></td><td></td><td></td></tr>
<tr><td>纳税检查调整的销售额</td><td>4</td><td></td><td></td><td></td><td></td></tr>
<tr><td>（二）按简易征收办法征税货物销售额</td><td>5</td><td></td><td></td><td></td><td></td></tr>
<tr><td>其中：纳税检查调整的销售额</td><td>6</td><td></td><td></td><td></td><td></td></tr>
<tr><td>（三）免、抵、退办法出口销售额</td><td>7</td><td></td><td></td><td></td><td></td></tr>
<tr><td>（四）免税销售额</td><td>8</td><td></td><td></td><td></td><td></td></tr>
<tr><td>其中：免税货物销售额</td><td>9</td><td></td><td></td><td></td><td></td></tr>
<tr><td>免税劳务销售额</td><td>10</td><td></td><td></td><td></td><td></td></tr>
<tr><td rowspan="4">税款计算</td><td>销项税额</td><td>11</td><td>136 510.00</td><td>136 510.00</td><td></td><td></td></tr>
<tr><td>进项税额</td><td>12</td><td>92 434.50</td><td>92 434.50</td><td></td><td></td></tr>
<tr><td>上期留抵税额</td><td>13</td><td>18 980.70</td><td>18 980.70</td><td></td><td></td></tr>
<tr><td>进项税额转出</td><td>14</td><td></td><td></td><td></td><td></td></tr>
</table>

续表

项目		栏次	一般货物、劳务和应税服务		即征即退货物、劳务和应税服务	
			本月数	本年累计	本月数	本年累计
税款计算	免、抵、退应退税额	15				
	按适用税率计算的纳税检查应补缴税额	16				
	应抵扣税额合计	17=12+13−14−15+16	111 415.20	111 415.20		
	实际抵扣税额	18（如 17<11，则为17，否则为 11）	111 415.20	111 415.20		
	应纳税额	19=11−18	25 094.80	25 094.80		
	期末留抵税额	20=17−18				
税款计算	简易计税办法计算的应纳税额	21				
	按简易计税办法计算的纳税检查应补缴税额	22				
	应纳税额减征额	23				
	应纳税额合计	24=19+21−23	25 094.80	25 094.80		
税款缴纳	期初未缴税额（多缴为负数）	25				
	实收出口开具专用缴款书退税额	26				
	本期已缴税额	27=28+29+30+31				
	①分次预缴税额	28				
	②出口开具专用缴款书预缴税额	29				
	③本期缴纳上期应纳税额	30				
	④本期缴纳欠缴税额	31				
	期末未缴税额（多缴为负数）	32=24+25+26−27	25 094.80	25 094.80		
	其中：欠缴税额（≥0）	33=25+26−27				

续表

项目		栏次	一般货物、劳务和应税服务		即征即退货物、劳务和应税服务	
			本月数	本年累计	本月数	本年累计
税款缴纳	本期应补(退)税额	34=24−28−29	25 094.80	25 094.80		
	即征即退实际退税额	35				
	期初未缴查补税额	36				
	本期入库查补税额	37				
	期末未缴查补税额	38=16+22+36−37				
授权声明	如果你已委托代理人申报，请填写下列资料： 为代理一切税务事宜，现授权 （地址） 为本纳税人的代理申报人，任何与本申报表有关的往来文件，都可寄予此人。 授权人签字：		申报人声明	本纳税申报表是根据国家税收法律法规及相关规定填报的，我确定它是真实的、可靠的、完整的。 声明人签字：顾明伟		

主管税务机关：　　　　接收人：

表 3-20

增值税纳税申报表附列资料（一）（本期销售情况明细）

税款所属时间：　2013 年 02 月 01 日至 2013 年 02 月 28 日

纳税人名称：（公章）　滨海市百里香酒业有限公司　　　　金额单位：元（列至角分）

项目及栏次				开具税控增值税专用发票		开具其他发票		未开具发票		纳税检查调整		合计			应税服务扣除项目本期实际扣除金额	扣除后	
				销售额	销项（应纳）税额	销售额	销项（应纳）税额	销售额	销项（应纳）税额	销售额	销项（应纳）税额	销售额	销项（应纳）税额	价税合计		含税（免税）销售额	销项（应纳）税额
				1	2	3	4	5	6	7	8	9=1+3+5+7	10=2+4+6+8	11=9+10	12	13=11-12	14=13÷(100%+税率或征收率)×税率或征收率
一、一般计税方法计税	全部征税项目	17%税率的货物及加工修理修配劳务	1	780 000	132 600			23 000	3 910			803 000	136 510	939 510			
		17%税率的有形动产租赁服务	2														
		13%税率	3														
		11%税率	4														
		6%税率	5														
	其中：即征即退项目	即征即退货物及加工修理修配劳务	6														
		即征即退应税服务	7														

续表

项目及栏次				开具税控增值税专用发票		开具其他发票		未开具发票		纳税检查调整		合计			应税服务扣除项目本期实际扣除金额	扣除后	
				销售额	销项（应纳）税额	销售额	销项（应纳）税额	销售额	销项（应纳）税额	销售额	销项（应纳）税额	销售额	销项（应纳）税额	价税合计		含税（免税）销售额	销项（应纳）税额
				1	2	3	4	5	6	7	8	9=1+3+5+7	10=2+4+6+8	11=9+10	12	13=11-12	14=13÷(100%+税率或征收率)×税率或征收率
二、简易计税方法计税	全部征税项目	6%征收率	8														
		5%征收率	9														
		4%征收率	10														
		3%征收率的货物及加工修理修配劳务	11														
		3%征收率的应税服务	12														
		预征率　%	13														
	其中：即征即退项目	即征即退货物及加工修理修配劳务	14														
		即征即退应税服务	15														
三、免抵退税	货物及加工修理修配劳务		16														
	应税服务		17														
四、免税	货物及加工修理修配劳务		18														
	应税服务		19														

表 3-21　　增值税纳税申报表附列资料（二）（本期进项税额明细）

税款所属时间：2013 年 2 月 1 日至 2013 年 2 月 28 日

纳税人名称：（公章）滨海市百里香酒业有限公司　　　　金额单位：元（列至角分）

一、申报抵扣的进项税额				
项目	栏次	份数	金额	税额
（一）认证相符的税控增值税专用发票	1=2+3			111 415.20
其中：本期认证相符且本期申报抵扣	2	3	696 950	92 434.50
前期认证相符且本期申报抵扣	3			18 980.70
（二）其他扣税凭证	4=5+6+7+8			
其中：海关进口增值税专用缴款书	5			
农产品收购发票或者销售发票	6			
代扣代缴税收缴款凭证	7			
运输费用结算单据	8			
	9			
	10			
（三）外贸企业进项税额抵扣证明	11			
当期申报抵扣进项税额合计	12=1+4+11			
二、进项税额转出额				
项目	栏次	税额		
本期进项税转出额	13=14 至 23 之和			
其中：免税项目用	14			
非应税项目用、集体福利、个人消费	15			
非正常损失	16			
简易计税方法征税项目用	17			
免抵退税办法不得抵扣的进项税额	18			
纳税检查调减进项税额	19			
红字专用发票通知单注明的进项税额	20			
上期留抵税额抵减欠税	21			
上期留抵税额退税	22			
其他应作进项税额转出的情形	23			
三、待抵扣进项税额				
项目	栏次	份数	金额	税额
（一）认证相符的税控增值税专用发票	24	—	—	—
期初已认证相符但未申报抵扣	25			
本期认证相符且本期未申报抵扣	26			
期末已认证相符但未申报抵扣	27			
其中：按照税法规定不允许抵扣	28			

续表

三、待抵扣进项税额				
项目	栏次	份数	金额	税额
（二）其他扣税凭证	29=30 至 33 之和			
其中：海关进口增值税专用缴款书	30			
农产品收购发票或者销售发票	31			
代扣代缴税收缴款凭证	32		—	
运输费用结算单据	33			
	34			
四、其他				
项目	栏次	份数	金额	税额
本期认证相符的税控增值税专用发票	35	3		92 434.50
代扣代缴税额	36	—	—	

表 3-22　　　　固定资产进项税额抵扣情况表

纳税人名称（公章）　　　　填表日期：2013 年 3 月 6 日　　　　金额单位：元（列至角分）

项目	当期申报抵扣的固定资产进项税额	申报抵扣的固定资产进项税额累计
增值税专用发票	7 869.50	7 869.50
海关进口增值税专用缴款书		
合　　计	7 869.50	7 869.50

2. 申报

已申请网上申报的增值税一般纳税人可在网上报税，通过登录“网上办税大厅→申报征收→一般纳税人增值税申报”，上传申报数据，进行申报并扣缴税款。

（1）登录主管国家税务局纳税申报网页，如图 3-13 所示，进行申报。

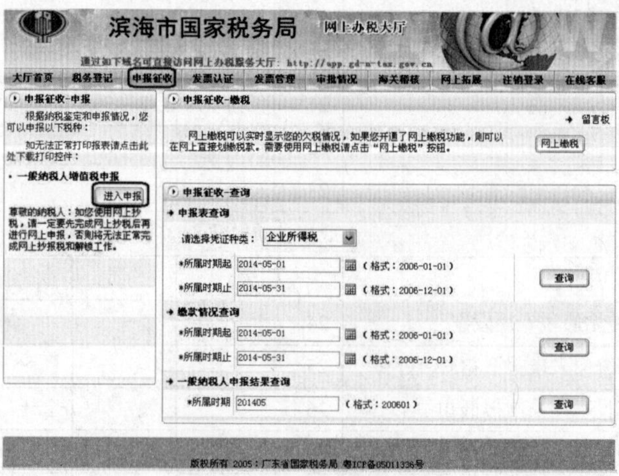

图 3-13　登录纳税申报网页

（2）选择申报描述文件。打开申报描述文件上传页面，如图 3-14 所示，单击“浏览”按钮弹出申报文件选择框，找到与申报文件同一目录下的“申报描述文件”，单击“打开”按钮，选择文件。

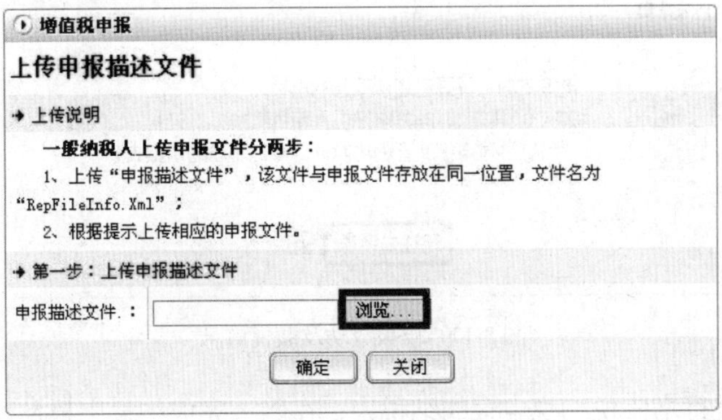

图 3-14　选择申报描述文件页面

（3）上传申报文件。进入“上传申报文件”页面，如图 3-15 所示，上传所有的申报文件后，单击“确认”按钮。

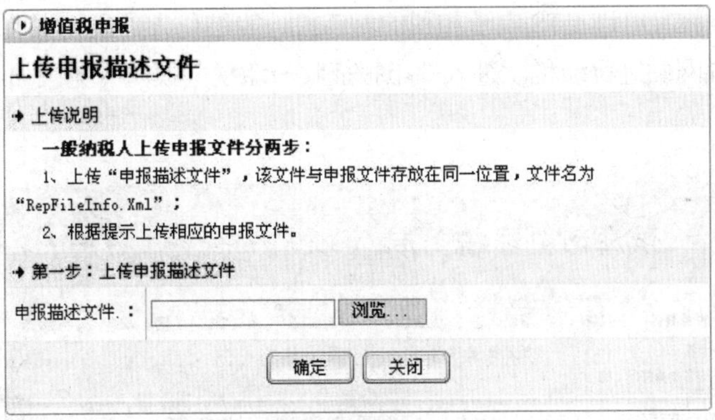

图 3-15　“上传申报文件”页面

（4）完成申报。弹出“所提交的申报文件”提示框，单击“确认”按钮，提交申报表，页面提示文件上传成功，如图 3-16 所示。

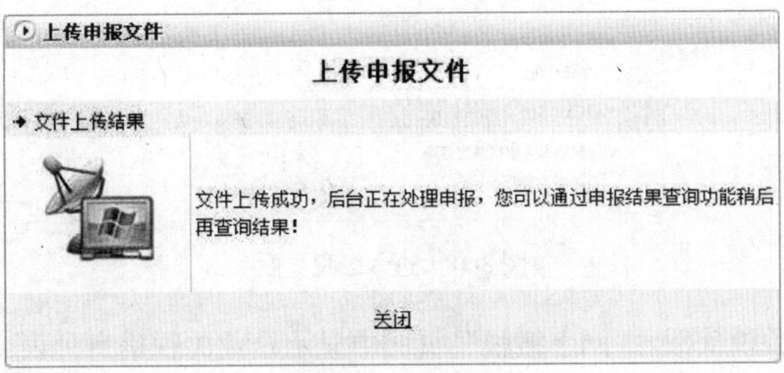

图 3-16　完成申报

（5）缴税。申报成功，弹出申报成功及缴税信息，如图 3-17 所示，单击“现在去缴税”按钮可进入“清缴税款”页面。

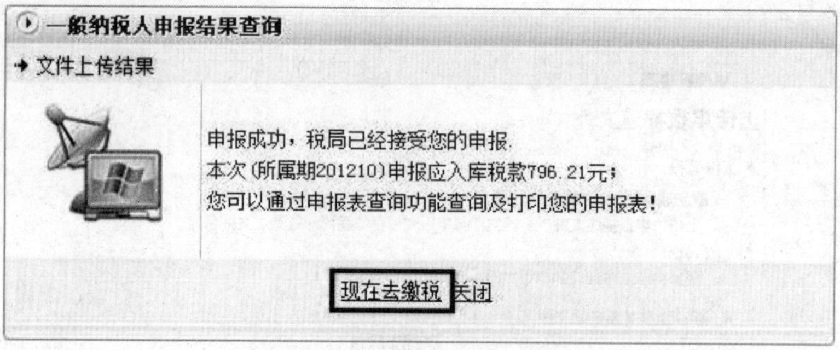

图 3-17　申报成功及缴税信息

通过互联网进行增值税纳税申报的纳税人，在网上完成纳税申报及税款缴纳后，当月可不报送增值税纳税申报纸质资料，在年度终了后一个季度内应报送上年逐月的纸质申报资料。对已具有电子认证身份（CA 认证）的纳税人在通过互联网完成增值税纳税申报及税款缴纳后，可不报送增值税纳税申报纸质资料。

【步骤 5】缴纳税款。

已申请网上申报且办理 ETS 电子扣税的增值税一般纳税人可通过网上缴纳税款。

（1）进入国税网站进行缴税。进入“申报征收→缴税”模块（见图 3-18），或者在申报成功后进入。

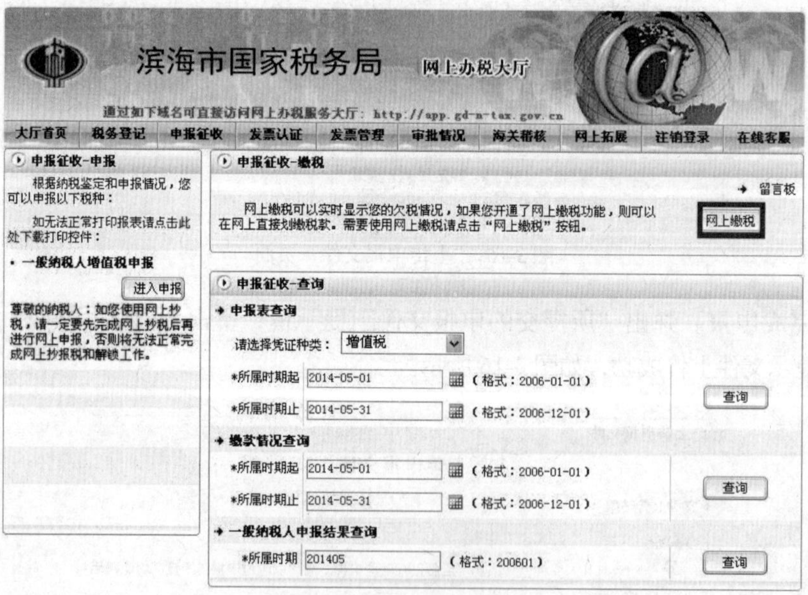

图 3-18　进入缴税页面

（2）审核应缴税款额。“网上缴税”页面中显示企业欠税信息列表（见图 3-19），在“待处理税款”一列可以查看到某个税种的欠税数额明细。

欠税信息查询结果

说明：企业各类欠税列表，请填写下表中的“清缴税款”项，然后执行“清缴税款”按钮

序号	所属时期起	所属时期止	纳税项目	待处理税款	清缴税款	应收滞纳金
1	2013-02-01	2013-02-28	增值税	25 094.80	25 094.80	0.00
合计				25 094.80		0.00

清缴税款　关闭

图 3-19　审核应缴税款

（3）审核无误后，单击“确定”按钮，系统将自动从银行账户进行扣款。扣款后，系统提示扣款成功，并显示电子缴税付款凭证（见图 3-20）。

转账日期：2013 年 3 月 6 日

付款人名称：滨海市百里香酒业有限公司　　征税机关名称：

付款人账号：1246248972　　收款国库（银行）名称：

付款人开户银行：工行沿江支行

小写（合计）金额：¥25 094.80

缴款书交易流水号：　　大写（合计）金额：贰万伍仟零玖拾肆元捌角整

税（费）种名称	所属日期	实缴金额
增值税	201302	¥25 094.80

第　次打印　　打印日期：2013 年 3 月 6 日

图 3-20　银行电子缴税付款凭证

【**步骤 6**】税控系统解锁。

增值税一般纳税人网上报税成功后且申报表通过（包括比对异常处理）税务机关系统“一窗式”比对后，税务机关将监控数据返写至纳税的报税盘或 IC 卡中。通过“易税门户——网上抄报税系统”，选择“网上抄报税→抄报税管理→清卡”或单击“清卡”按钮，进行税控系统解锁。完成报税盘或 IC 卡解锁，使纳税人的税控开票系统在申报期后可继续开具发票。

活动 2　小规模纳税人增值税纳税申报

活动描述

2013 年 3 月 3 日，滨海市百粮酒贸易公司会计进行纳税申报。

活动指导

【**步骤 1**】填写有关申报表。

小规模纳税人申报增值税时，需要填写“增值税纳税申报表（适用于小规模纳税人）”（见表 3-23）。

表 3-23　　增值税纳税申报表（适用于增值税小规模纳税人）

纳税人识别号：[illegible]7633219

纳税人名称：滨海市百粮酒贸易公司

税款所属时间：2013-02-01 至 2013-02-28　　　　金额单位：人民币元（列至角分）

<table>
<tr><th colspan="2" rowspan="2">项目</th><th rowspan="2">栏次</th><th colspan="2">本期数</th><th colspan="2">本年累计</th></tr>
<tr><th>应税货物及劳务</th><th>应税服务</th><th>应税货物及劳务</th><th>应税服务</th></tr>
<tr><td rowspan="9">一、计税依据</td><td>（一）应征增值税不含税销售额</td><td>1</td><td>40 000.00</td><td></td><td>40 000.00</td><td></td></tr>
<tr><td>税务机关代开的增值税专用发票不含税销售额</td><td>2</td><td>40 000.00</td><td></td><td>40 000.00</td><td></td></tr>
<tr><td>税控器具开具的普通发票不含税销售额</td><td>3</td><td>0</td><td></td><td>0</td><td></td></tr>
<tr><td>（二）销售使用过的应税固定资产不含税销售额</td><td>4</td><td>0</td><td></td><td>0</td><td></td></tr>
<tr><td>其中：税控器具开具的普通发票不含税销售额</td><td>5</td><td>0</td><td></td><td>0</td><td></td></tr>
<tr><td>（三）免税销售额</td><td>6</td><td>0</td><td></td><td></td><td></td></tr>
<tr><td>其中：税控器具开具的普通发票销售额</td><td>7</td><td>0</td><td></td><td></td><td></td></tr>
<tr><td>（四）出口免税货物销售额</td><td>8</td><td>0</td><td></td><td></td><td></td></tr>
<tr><td>其中：税控器具开具的普通发票销售额</td><td>9</td><td>0</td><td></td><td></td><td></td></tr>
<tr><td rowspan="5">二、税款计算</td><td>本期应纳税额</td><td>10</td><td>1 200.00</td><td></td><td>1 200.00</td><td></td></tr>
<tr><td>本期应纳税额减征额</td><td>11</td><td>0</td><td></td><td></td><td></td></tr>
<tr><td>应纳税额合计(12=10−11)</td><td>12</td><td>1 200.00</td><td></td><td>1 200.00</td><td></td></tr>
<tr><td>本期预缴税额</td><td>13</td><td></td><td></td><td></td><td></td></tr>
<tr><td>本期应补（退）税额(14=12−13)</td><td>14</td><td>1 200.00</td><td></td><td>1 200.00</td><td></td></tr>
<tr><td rowspan="3">纳税人或代理人声明：
此纳税申报表是根据国家税收法律的规定填写的，我确定它是真实的、可靠的、完整的。</td><td colspan="6">如纳税人填报，由纳税人填写以下各栏：</td></tr>
<tr><td colspan="6">办税人员（签章）：王玲　　财务负责人（签章）：陈晓发
法定代表人（签章）：李安红　　联系电话：0515-83340548</td></tr>
<tr><td colspan="6">如委托代理人填报，由代理人填写以下各栏：
法定代表人（签章）：　　经办人（签章）：
代理人（公章）：　　联系电话：</td></tr>
</table>

受理人：　　　　受理日期：　年　月　日　　　　受理税务机关（签章）：

本表为 A3 竖式一式三份，一份纳税人留存、一份主管税务机关留存、一份征收部门留存。

【步骤2】准备申报材料。

增值税小规模纳税人准备的申报资料包括：

（1）增值税纳税申报表；

（2）资产负债表和利润表；

（3）税务机关要求的其他资料。

【步骤3】纳税申报。

企业可采用上门申报、电话申报、电子申报等方式进行纳税申报。下面介绍电子申报的操作过程。

电子申报要求纳税人在法定期限内将申报表录入电子申报缴税系统，通过计算机网络进行远程申报，向指定的银行账户适时进行税款划缴。

（1）打开主管国家税务局网页（见图 3-21），选择对应的办税窗口用数字证书登录网上办税大厅。

图 3-21　税务机关网站登录页面

（2）进入“办税大厅”页面（见图 3-22），单击“网上拓展”栏目，在“网上拓展”页面（见图 3-23）选择“我要申报→增值税小规模纳税人申报”栏目。

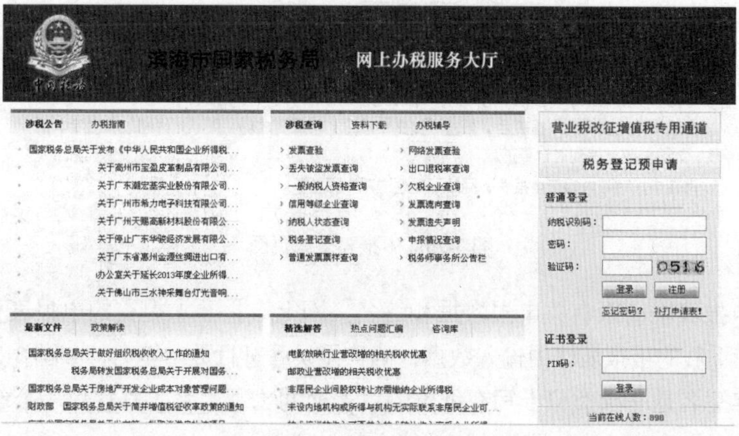

图 3-22　网上办税大厅页面

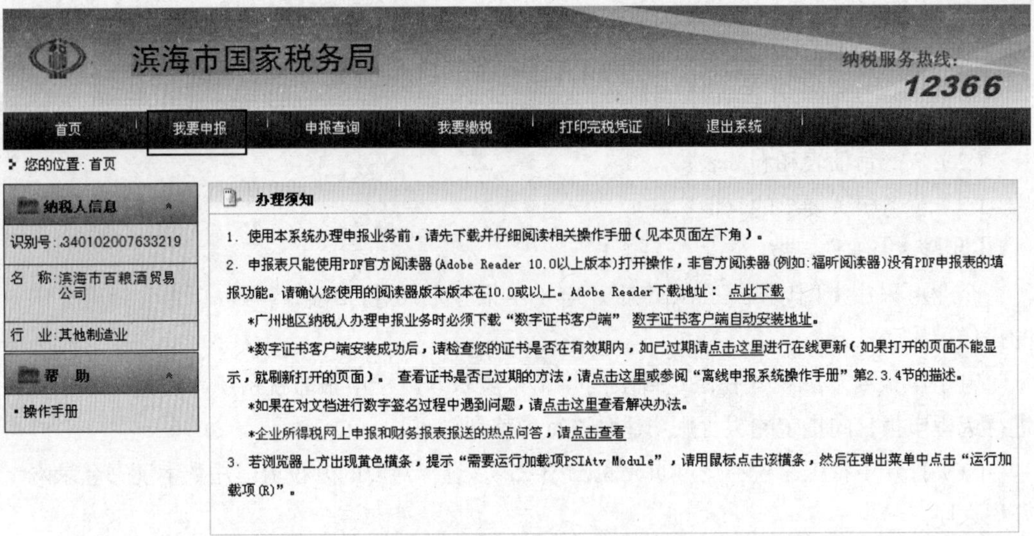

图 3-23 “网上拓展”页面

（3）在“准期应申报区”（见图 3-24），输入申报所属时间后，单击“我要申报”按钮。

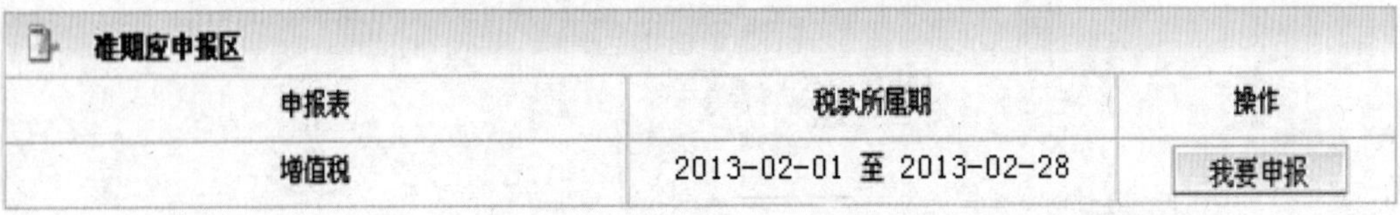

图 3-24 “准期应申报区”页面

（4）在“申报表下载”页面（见图 3-25）下载有关申报表格。如果纳税人已经制作好申报表格，可单击“返回”按钮。

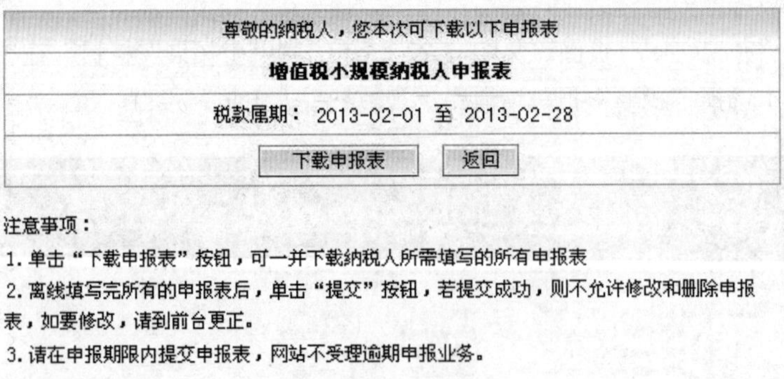

图 3-25 申报表下载页面

（5）在申报表中输入有关申报数据和签名。网上申报要求提交的申报表格为 PDF 格式，纳税人在下载的申报表格中输入数据；确认无误后进行数字签名，如图 3-26 所示。

所谓数字签名是一种类似于写在纸上的、普通的物理签名，其使用了公钥加密技术，是用于鉴别数字信息的方法，具有认证功能。

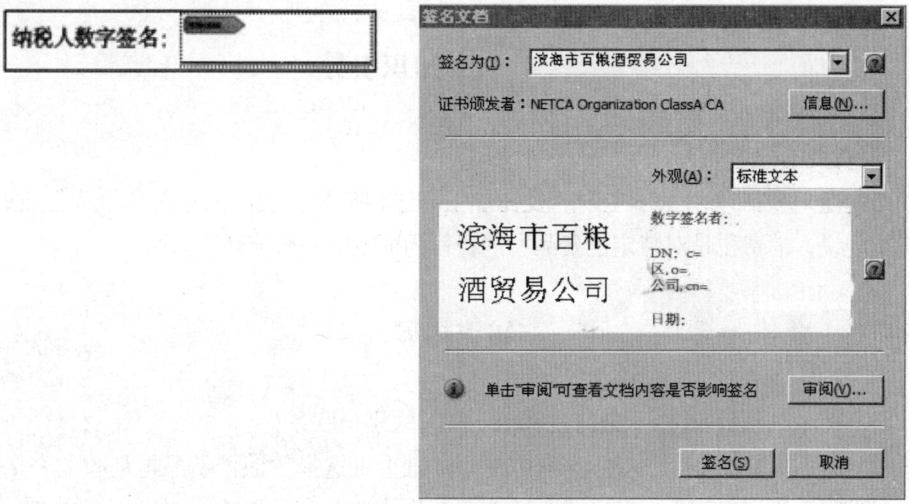

图 3-26　纳税人数字签名

（6）输入“ekey（电子密钥）访问密码”，进行校验，提交申报表格。纳税人进行数字签名后，出现提示对话框，要求输入“ekey（电子密钥）访问密码”，系统进行校验，如图 3-27 所示。

（7）提交申报表。如果密码验证正确，系统出现“提交确认”对话框，纳税人确认申报资料无误后，单击“确定”按钮，完成申报手续，如图 3-28 所示。

图 3-27　出现“ekey 访问密码”对话框

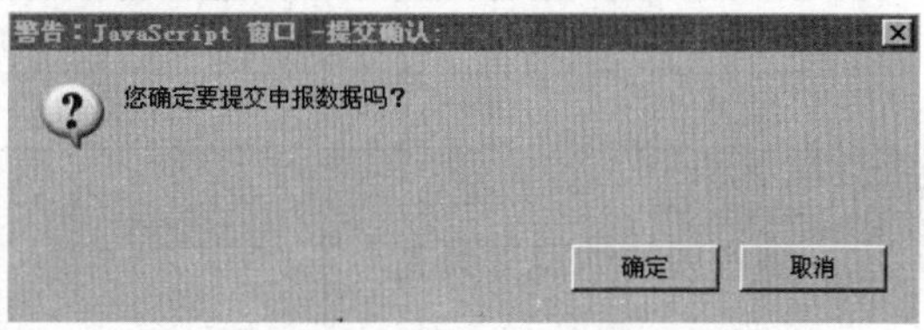

图 3-28　提交确认对话框

（8）缴纳税款。纳税人返回“网上拓展”页面，选择“我要缴税”栏目，在提示框下单击“确定”按钮，即可完成缴税工作。

项目 2　消费税的核算和申报

学习目标

1. 知道消费税的征税对象和一般规定，会计算企业应纳消费税额
2. 会对消费税业务进行会计核算
3. 会办理消费税纳税申报
4. 培养节约资源、健康消费的良好生活习惯

知识引导

1. 消费税的概念

消费税是对我国境内从事生产、委托加工和进口应税消费品的单位和个人征收的一种税。确切地说，消费税是对特定消费品和消费行为征收的一种流转税。

知识拓展

增值税和消费税的区别与联系

消费税是在对货物普遍征收增值税的基础上，选择少数消费品再征收的一个税种，作为增值税的一种补充，消费税主要是为了调节产品结构，引导消费方向，保证国家税收。消费税纳税期限、纳税地点的规定与增值税的规定基本相同，两者的比较如表 3-24 所示。

表 3-24　增值税和消费税的比较

区别	增值税	消费税
征收范围	对货物普遍征收	对特定货物征收
与价格关系	价外税	价内税
纳税环节	货物流通多环节征收	单一环节征收
计税依据	增值额	销售额或销售量

2. 消费税的纳税义务人

为了避免重复征税，我国消费税实行单一环节征税，只选择在生产、委托加工和进口环节征收消费税，但对金银首饰征收的消费税在零售环节征收。因此，凡是在我国境内从事生产、委托加工、进口应税消费品的单位和个人都是消费税的纳税人。

3. 消费税的税目及税率

我国《消费税暂行条例》列举了 14 类消费品为消费税征税对象，具体税目、税率如表 3-35 所示。

表 3-25　消费税税目税率（税额）表

税　目	计税单位	税　率
一、烟		
1. 卷烟		
（1）甲类卷烟	每标准条（200 支），对外调拨价格在 70 元（含 70 元，不含增值税）以上的	56% 加 0.003 元/支（生产环节）
（2）乙类卷烟	每标准条（200 支）对外调拨价格在 70 元（不含增值税）以下的	36% 加 0.003 元/支（生产环节）

续表

税　目	计税单位	税　率
2. 雪茄烟 3. 烟丝		36% 30%
二、酒及酒精 1. 白酒 2. 黄酒 3. 啤酒 （1）甲类啤酒 （2）乙类啤酒 4. 其他酒 5. 酒精	 吨 每吨出厂价格（含包装物及包装物押金）在 3 000 元（含 3 000 元，不含增值税）以上的，娱乐业和饮食业自制的 每吨 3 000 元以下的	 20% 加 0.5 元/500 克（或 500 毫升） 240 元/吨 250 元/吨 220 元/吨 10% 5%
三、化妆品		30%
四、贵重首饰及珠宝玉石 1. 金银首饰、铂金首饰和钻石及钻石饰品 2. 其他贵重首饰和珠宝玉石		 5% 10%
五、鞭炮、焰火		15%
六、成品油 1. 汽油 （1）含铅汽油 （2）无铅汽油 2. 柴油 3. 航空煤油 4. 石脑油 5. 溶剂油 6. 润滑油 7. 燃料油		 1.4 元/升 1.0 元/升 0.8 元/升 0.8 元/升 1.0 元/升 1.0 元/升 1.0 元/升 0.8 元/升
七、汽车轮胎		3%
八、摩托车 1. 气缸容量（排气量，下同）在 250 毫升（含 250 毫升）以下的 2. 气缸容量在 250 毫升以上的		 3% 10%
九、小汽车		

续表

税 目	计税单位	税 率
1. 乘用车		
（1）气缸容量（排气量，下同）在 1.0 升（含 1.0 升）以下的		1%
（2）气缸容量在 1.0 升以上至 1.5 升（含 1.5 升）的		3%
（3）气缸容量在 1.5 升以上至 2.0 升（含 2.0 升）的		5%
（4）气缸容量在 2.0 升以上至 2.5 升（含 2.5 升）的		9%
（5）气缸容量在 2.5 升以上至 3.0 升（含 3.0 升）的		12%
（6）气缸容量在 3.0 升以上至 4.0 升（含 4.0 升）的		25%
（7）气缸容量在 4.0 升以上的		40%
2. 中轻型商用客车		5%
十、高尔夫球及球具		10%
十一、高档手表	10 000 元/只或以上	20%
十二、游艇		10%
十三、木制一次性筷子		5%
十四、实木地板		5%

特别注意的是，一般纳税人兼营不同税率的应税消费品，应当分别核定销售额和销售量。未分别核算的，或将不同税率的消费品成套销售的，从高适用税率。

知识拓展

消费税的征税对象主要可以归纳为以下几类：一是过度消费对人类健康、社会秩序、生态环境等方面造成危害的（烟、酒、鞭炮焰火等）；二是奢侈品、高档消费品和非生活必需品（贵重首饰及珠宝玉石、化妆品、高尔夫球及球具、高档手表、游艇等）；三是高能耗、资源难以或不可再生的商品（成品油、小汽车、汽车轮胎、木制一次性筷子、实木地板等）。

4. 消费税应纳税额的计算

消费税实行从价定率、从量定额和从价定率与从量定额相结合的复合计税三种征收办法，如表 3-26 所示。

（1）应税消费品数量的规定如下：

① 销售应税消费品的，为应税消费品的销售数量；

② 自产自用应税消费品的，为应税消费品的移送使用数量；

③ 委托加工应税消费品的，为纳税人收回的应税消费品数量；

④ 进口应税消费品的，为海关核定的应税消费品进口征税数量。

表 3-26　　应纳消费税额计算方法

计税方法	计税依据	适用范围	计税公式
从价定率	销售额	大部分应税消费品	应纳税额=销售额×适用税率
从量定额	销售数量	啤酒、黄酒、成品油	应纳税额=销售数量×单位税额
复合征收	销售额 销售数量	白酒、卷烟	应纳税额=销售额×适用税率+销售数量×单位税额

应税消费品计量单位换算标准如表 3-27 所示。

表 3-27　　应税消费品计量单位换算标准

消费品名	换算标准	消费品名	换算标准	消费品名	换算标准
啤酒	1 吨=998 升	柴油	16 升吨=1 176 升	溶剂油	1 吨=1 282 升
黄酒	1 吨=962 升	航空煤油	1 吨=1 246 升	润滑油	1 吨=1 126 升
汽油	1 吨=1 388 升	石脑油	1 吨=1 385 升	燃料油	1 吨=1 015 升

例 1　清河公司 2 月份销售自产无铅汽油 13 吨，自产自用柴油 2 吨。计算该公司 2 月份应纳消费税额。

【解析】无铅汽油消费税率为 1.0 元/升，柴油消费税率为 0.8 元/升。

无铅汽油应纳消费税额=13×1 388×1.0=18 044（元）

柴油应纳消费税额=2×1 176×0.8=1 881.6（元）

2 月份应纳消费税额=18 044+1 881.6=19 925.6（元）

（2）应税消费品销售额的规定如下。

① 对外销售的应税消费品为向购买方收取的全部价款和价外费用，但不包括收取的增值税。如果纳税人所收款项是价税合并收取的，在计算销项税额时，应先将其换算为不含税销售额后，再计算应纳消费税额。

例 2　金六福公司为一般纳税人，2 月份零售金银首饰共收取款项 292 500 元。计算该公司 2 月份应纳消费税额。

【解析】金银首饰在零售环节征收消费税，该公司零售取得的款项是价税合并收取的，要先按增值税率 17%将其换算为不含税销售额。金银首饰消费税率为 5%。

零售金银首饰销售额=292 500÷（1+17%）=250 000（元）

2 月份应纳消费税额=250 000×5%=12 500（元）

② 自产自用的应税消费品，用于连续生产应税消费品的，不纳税；用于其他方面的，于移送使用时按同类消费品计算纳税，没有同类消费品参考的，按照组成计税价格计算纳税，其计算公式为：

组成计税价格=成本×（1+成本利润率）÷（1–消费税税率）

成本是指应税消费品的生产成本，成本利润率由国家税务总局确定，如表 3-28 所示。

表 3-28　　应税消费品成本利润率

序号	消费品名	成本利润率（%）	序号	消费品名	成本利润率（%）
1	甲类卷烟	10	11	贵重首饰及珠宝玉石	6
2	乙类卷烟	5	12	汽车轮胎	5
3	雪茄烟	5	13	摩托车	6
4	烟丝	5	14	小汽车	8
5	粮食白酒	10	15	中轻型商用客车	5
6	薯类白酒	5	16	高尔夫球及球具	10
7	其他酒	5	17	高档手表	20
8	酒精	5	18	游艇	10
9	化妆品	5	19	木制一次性筷子	5
10	鞭炮、焰火	5	20	实木地板	5

例 3　新一妆化妆品公司 2 月份将自产化妆品用于广告促销活动，该批化妆品没有同类消费品售价作为参考，生产成本为 42 000 元。计算该批化妆品应纳消费税额。

【解析】纳税人自产自用应税消费品应缴纳消费税，如果没有同类产品售价作参考，按组成计税价格计算销售额。化妆品成本利润率为 5%，消费税税率为 30%。

该批化妆品的组成计税价格=42 000×（1+5%）÷（1−30%）=63 000（元）

该批化妆品应纳消费税额=63 000×5%=3 150（元）

③ 委托加工应税消费品按照受托方的同类消费品的销售价格计算纳税，没有同类消费品销售价格的，可按照组成计税价格确认销售额，计算公式为：

组成计税价格=（材料成本 + 加工费）÷（1−消费税税率）

该公式中的"材料成本"是指委托方提供加工材料的实际成本。"加工费"是指受托方加工应税消费品向委托方收取的全部费用，但不包括随费加工费收取的销项税额。

例 4　清溪公司委托华辉木器厂将一批木材加工为实木地板，该批木材成本 42 750 元，一次性支付加工费 9 500 元。该批实木地板没有同类消费品售价参考。计算该批实木地板应纳消费税额。

【解析】委托加工消费品，没有同类售价参考的，按组成计税价格计算纳税。实木地板消费税税率为 5%。

该批实木地板组成计税价格=（42 750+9 500）÷（1−5%）=55 000（元）

该批实木地板应纳消费税额=55 000×5%=2 750（元）

例 5　洋河酒业有限公司 2 月份销售粮食白酒 6 吨，取得销售收入 216 000 元（不含增值税）。计算该公司 2 月份应纳消费税额。

【解析】白酒采用从量定额和从价定率结合的复合计税方法，单位税额为 0.5 元/500 克，税率为 20%。1 吨白酒=2 000×500 克

2 月份应纳消费税额=6×2 000×0.5+216 000×20%=49 200（元）

5. 消费税的科目设置及账户结构

纳税人发生消费税涉税业务，应设置"应缴税费——应缴消费税"、"营业税金及附

加”等账户，它们的账户结构如图 3-29、图 3-30 所示。

借　　　　应缴税费——应缴消费税　　　　贷	
登记已缴纳的消费税额	登记应缴纳的消费税额
	期末余额：纳税人尚未缴纳的税额

图 3-29 “应缴税费——应缴消费税”账户结构

借　　　　营业税金及附加　　　　贷	
登记企业计算应缴纳的消费税、营业税、城市维护建设税、教育费附加等税费	登记期末结转到本年利润账户的数额

图 3-30 “营业税金及附加”账户结构

纳税人销售自制应税消费品确认销售时，计提消费税，借记“营业税金及附加”账户，贷记“应缴税费——应缴消费税”账户。

例 6 金六福公司 2 月份零售金银首饰共收取款项 292 500 元，其中价款 250 000 元，增值税 42 500 元，根据销售额计算应纳消费税额为 12 500 元。上述业务编制会计分录如下。

借：银行存款　　292 500

　　贷：主营业务收入　　250 000

　　　　应缴税费——应缴增值税（销项税额）　　42 500

借：营业税金及附加　　12 500

　　贷：应缴税费——应缴消费税　　12 500

任务1　消费税业务核算

任务描述

滨海市百里香酒业有限公司 2013 年 3 月发生以下有关消费税业务，会计进行了相关业务核算。“应缴税费——应缴消费税”账户期初贷方余额为 642 500.85 元。

【业务 1】3 日，向滨海市东明糖烟酒有限公司销售商品，根据合同（见表 3-29）开出增值税专用发票（略）。

表 3-29　　**滨海市百里香酒业有限公司购销合同（简表）**

购货方	**滨海市东明糖烟酒有限公司**		**地址：解放路 15 号**		**开户行：工行桂河支行**
纳税人识别号	340103160422132		电话：0515-36180271		账号：0346248143
销售商品	品名	单位	数量	单价（不含税，元）	金额（不含税，元）
	百里香薯类白酒	吨	120	3 500.00	420 000
货款结算方式	支票结算				

【业务 2】6 日，缴纳 2 月份税款，收到以下单据，如图 3-31 所示。

支行名称：沿江支行　　　　　　　　　　　　　　网点号：432490702

滨海市电子缴税系统回单

扣款日期：2013.03.06
清算日期：2013. 03.06

付款人名称：滨海市百里香酒业有限公司
付款人账号：1246248972
付款人开户银行：工商行沿江支行

收款人名称：滨海市地方税务局
收款人账号：43778866
收款人开户银行：国家金库海珠支库

中国工商银行股份有限公司
滨海市沿江支行
2013. 03. 06
转讫

款项内容：代扣（国税）税款　　　　　　电子税票号：7102314143
小写金额：¥642 500.85
大写金额：陆拾肆万贰仟伍佰圆零捌角伍分
纳税人编码：340104330663123
纳税人名称：滨海市百里香酒业有限公司

税种	所属时期	纳税金额	备注
消费税	20130201—20130228	¥642 500.85	国税

经办：　　　复核：　　　打印次数：1　　　打印日期

图 3-31　电子缴税回单

【业务 3】26 日，向鑫华酒业有限公司销售商品，根据合同（见表 3-30）开出增值税专用发票（略），收到支票存入银行（进账单略）。

表 3-30　　滨海市百里香酒业有限公司购销合同（简表）

购货方	鑫华酒业有限公司		地址：华泰路 8 号		开户行：建行华泰支行
纳税人识别号	330103160421154		电话：0515-76180200		账号：0246245677
销售商品	品名	单位	数量	单价（不含税，元）	金额（不含税，元）
	百里香 44°白酒	吨	280	5 000.00	1 400 000
	红葡萄酒	箱	1 500	780.00	1 170 000
货款结算方式	支票结算				

【业务 4】30 日，公司将新研制的白葡萄酒 20 箱作为样品赠送给客户免费试饮，该批葡萄酒每箱的生产成本为 625 元，没有同类商品售价作为参考。（出库单略）

【业务 5】31 日，计提本月应纳消费税额。

任务指导

【步骤 1】对销售应税消费品业务进行核算和相关会计处理。

1. 正常销售业务，开具增值税专用发票，核算应税消费品的销售收入

【业务 1】、【业务 3】根据增值税专用发票、进账单等编制记账凭证（见表 3-31、表 3-32）。

表 3-31　　简易记账凭证

日期	凭证		摘要	会计分录		附件
	字	号				
3日		略	销售白酒	借：银行存款 贷：主营业务收入——白酒 应缴税费——应缴增值税（销项税额）	491 400 420 000 71 400	1

表 3-32　　简易记账凭证

日期	凭证		摘要	会计分录		附件
	字	号				
26日		略	销售白酒	借：银行存款 贷：主营业务收入——白酒 ——红葡萄酒 应缴税费——应缴增值税（销项税额）	3 006 900 1 400 000 1 170 000 436 900	2

2. 自产自用应税消费品业务

企业将自产应税消费品用于在建工程、馈赠、赞助、集资、广告、样品等方面应视同销售，需要计算增值税销项税额、应纳消费税。【业务 4】中公司将新研制的白葡萄酒赠送给客户应视同销售，因为该批商品没有同类售价作为参考，按组成计税价格计算。经查，葡萄酒成本利润率为 5%，消费税税率为 10%，增值税率为 17%。

该批白葡萄酒的成本=625×20=12 500（元）

组成计税价格=12 500×（1+5%）÷（1−10%）=14 583.33（元）

增值税销项税额=14 583.33×17%=2 479.17（元）

应纳消费税额=14 583.33×10%=1 458.33（元）

将自产商品用于客户免费试用是一种常见的促销手段，应计入销售费用，“销售费用”账户核算内容包括样品的成本、视同销售计算的销项税额、视同销售计算的消费税。【业务 4】根据出库单等编制记账凭证，如表 3-33 所示。

表 3-33　　简易记账凭证

日期	凭证		摘要	会计分录		附件
	字	号				
30日		略	将新研制的白葡萄酒赠送给客户试饮	借：销售费用 贷：库存商品——白葡萄酒 应缴税费——应缴增值税（销项税额） ——应缴消费税	16 437.5 12 500 2 479.17 1 458.33	1

【步骤 2】核算缴纳税款业务。

【业务 2】中，根据电子缴税回单，编制记账凭证，如表 3-34 所示。

表 3-34　　简易记账凭证

日期	凭证		摘要	会计分录	附件
	字	号			
6日		略	缴纳税款	借：应缴税费——应缴消费税　642 500.85 贷：银行存款　642 500.85	1

【步骤 3】根据销售情况计算应交消费税额，进行会计处理。

1. 计算应纳消费税

根据销售统计情况（见表 3-35），计算 3 月份应缴消费税税额（见表 3-36）。

表 3-35　　2013 年 3 月销售统计表

商品名称	计量单位	销售数量	单价（元）	销售额（元）	备注
薯类白酒	吨	120	3 500	420 000	正常销售
百里香 44°白酒	吨	280	5 000	1 400 000	正常销售
红葡萄酒	箱	1 500	780	1 170 000	正常销售
白葡萄酒	箱	20			赠送试饮

表 3-36　　应纳消费税计算表

消费品	计税基数	税率	税额	备注
薯类白酒	120 吨 × 2 000	0.5 元/500 克	120 000	正常销售
薯类白酒	420 000	20%	84 000	正常销售
粮食白酒	280 吨 × 2 000	0.5 元/500 克	280 000	正常销售
粮食白酒	1 400 000	20%	280 000	正常销售
红葡萄酒	1 170 000	10%	117 000	正常销售
正常销售业务小计			881 000	
白葡萄酒	14 583.33	10%	1 458.33	视同销售
消费税合计			882 458.33	

2. 根据应纳消费税计算表，编制记账凭证（见表3–37）

因为视同销售业务已经计提消费税，所以月末只须计提正常销售业务的消费税即可。

表 3-37　　简易记账凭证

日期	凭证		摘要	会计分录	附件
	字	号			
31日		略	计算消费税	借：营业税金及附加　881 000 贷：应缴税费——应缴消费税　881 000	1

任务2　消费税纳税申报

任务描述

2013 年 4 月 6 日，滨海市百里香酒业有限公司会计进行消费税纳税申报。

任务指导

【步骤 1】计算应纳税额。

根据销售统计情况（见表 3-35），计算 3 月份应交消费税税额（见表 3-36）。

【步骤 2】填写纳税申报表（见表 3-48）。

表 3-38　　**酒及酒精消费税纳税申报表**

税款所属期：　2013 年 3 月 1 日 至　2013 年 3 月 31 日

纳税人名称（公章）：

纳税人识别号：340104330663123

填表日期：2013 年　4 月 6 日　　　　金额单位：元（列至角分）

项目 应税消费品名称	适用税率 定额税率	 比例税率	销售数量	销售额	应纳税额
粮食白酒	0.5 元/500 克	20%	560 000	1 400 000	560 000
薯类白酒	0.5 元/500 克	20%	240 000	420 000	204 000
啤酒	250 元/吨	—			
啤酒	220 元/吨	—			
黄酒	240 元/吨	—			
其他酒	—	10%		1 184 583.33	118 458.33
酒精	—	5%			
合计	—	—	—	—	882 458.33

本期准予抵减税额： 本期减（免）税额： 期初未缴税额： 本期缴纳前期应纳税额：	声明 此纳税申报表是根据国家税收法律的规定填报的，我确定它是真实的、可靠的、完整的。 经办人（签章）：冯东灵 财务负责人（签章）：夏 添 联系电话：0515-83340415
本期预缴税额： 本期应补（退）税额： 期末未缴税额：	（如果你已委托代理人申报，请填写） 授权声明 为代理一切税务事宜，现授权________（　　　　）为本纳税人的代理申报人，任何与本申报表有关的往来文件，都可寄予此人。 授权人签章：
以下由税务机关填写 受理人（签章）：　　受理日期：　年　月　日　　受理税务机关（章）：	

【步骤 3】生成申报文件。

我国大多数地区消费税采用网上申报方式进行纳税申报，各地的具体规定有所不同，但流程、要求大致相同。

（1）登录国税局网站的电子报税管理系统（见图 3-32），选择“消费税管理”，单击“消费税申报类别设置”设置为“酒类”，单击“酒类消费税申报表”。

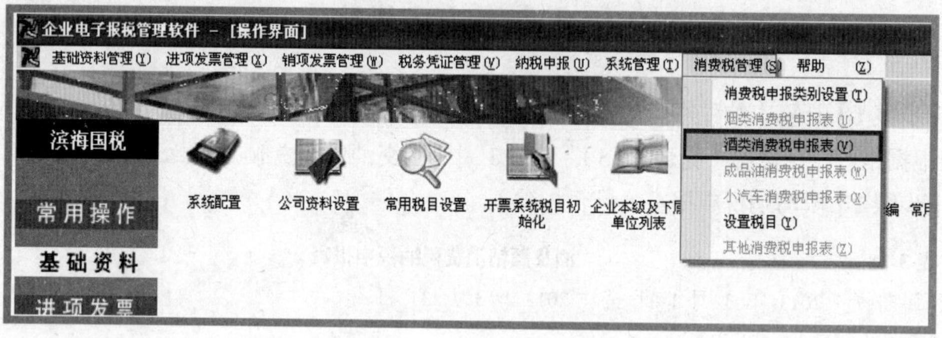

图 3-32　电子报税管理系统

（2）在酒类消费税申报表模块中单击“新增”，填写各类型酒类的销售数量、销售额及填表人信息等，系统自动计算应纳税额，填写完成后依次单击“保存”、“审核”、“申报”、“生成申报文件”、“确定”按钮，获得网上申报的导入文件，如图 3-33 所示。

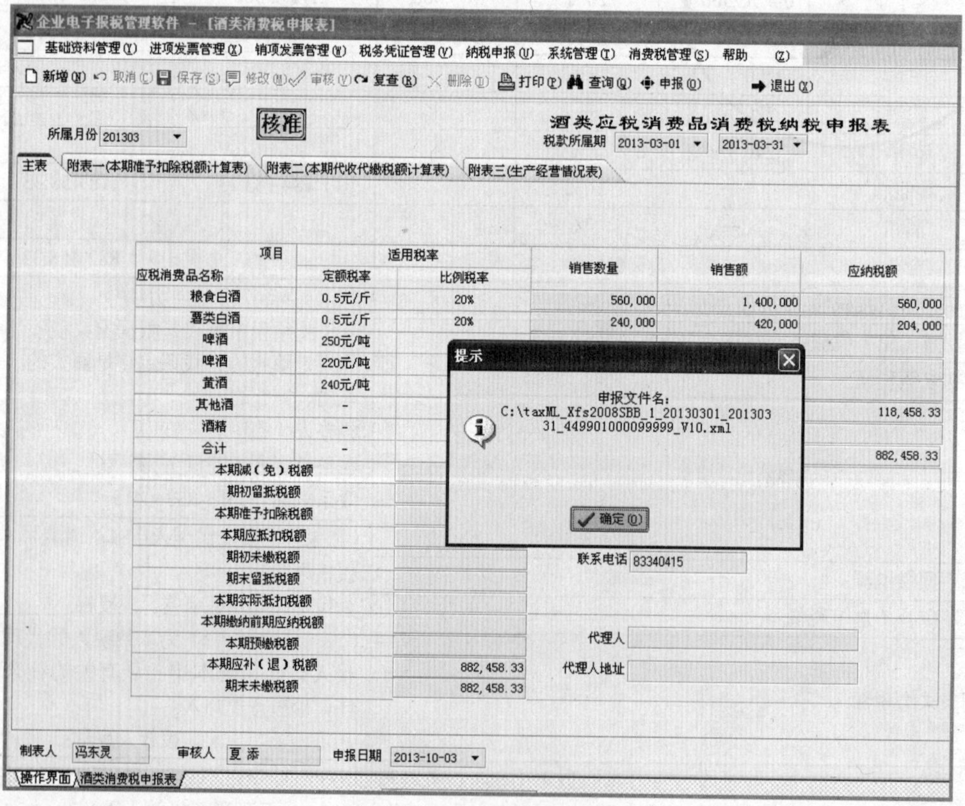

图 3-33　生成申报文件

【步骤4】纳税申报。

纳税人必须在规定期限向税务机关报送纳税申报资料。采用网上申报方式的程序如下。

（1）登录税务局网站，用数字证书或用户名及密码登录，进入“网上办税大厅”页面（见图3-34），单击“申报征收”，选择“消费税”，单击左边的“进入申报”按钮。

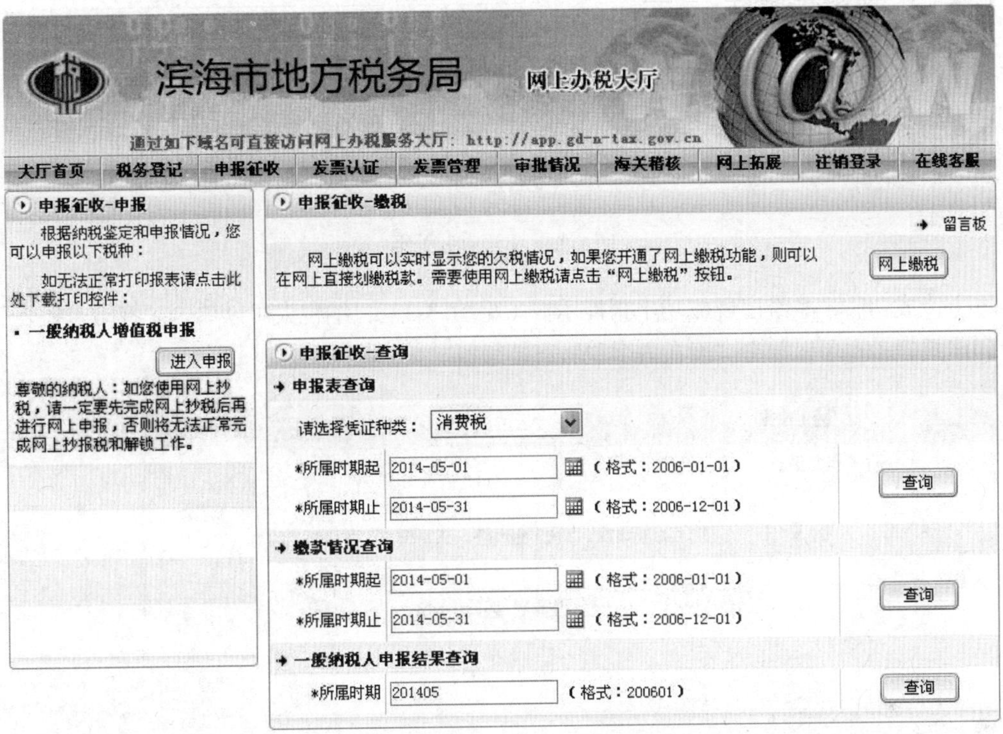

图3-34　网上办税大厅页面

（2）在“消费税纳税申报表”页面填写税款所属时期，如图3-35所示，单击“进入申报”按钮。

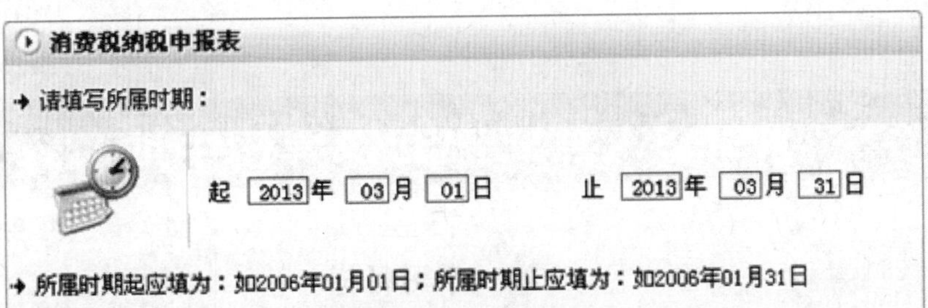

图3-35　填写申报时间

（3）进入“上传申报文件”页面，如图3-36所示，按税务局规定的格式（如xml文件），上传纳税申报表，然后单击“确定”按钮。

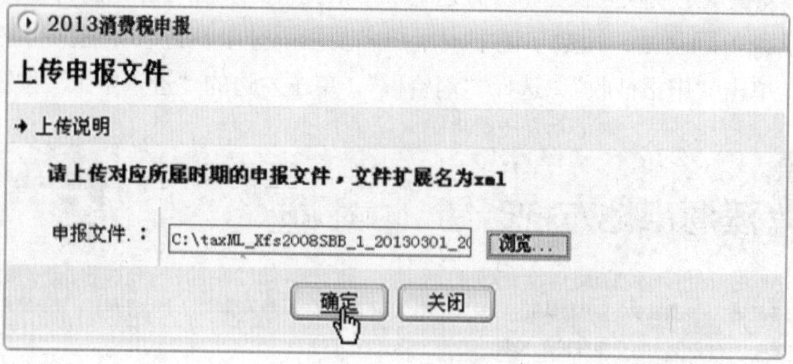

图 3-36　上传申报文件

上传成功后，系统出现成功申报提示框（见图 3-37），纳税人可以单击“打印申报表”打印申报表，也可以单击“现在去缴税”直接缴税。

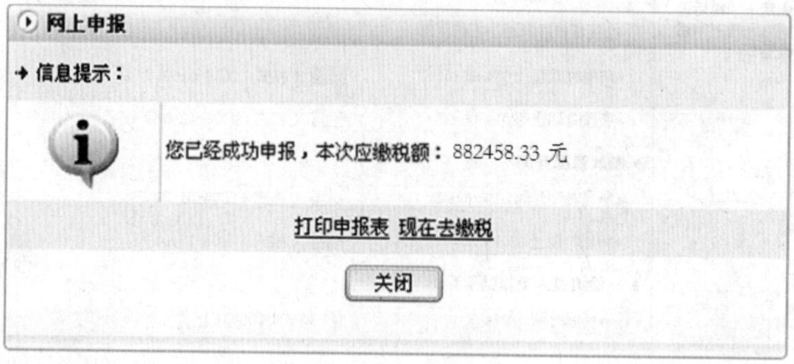

图 3-37　完成申报

【步骤 5】缴纳税款。

缴纳税款前，纳税人应先确定缴税账户中有足够余额缴纳税款。纳税人可以在“申报成功”提示框中单击“现在去缴税”，也可以在“网上办税大厅”页面单击“网上缴税”按钮进行缴税。

项目 3　营业税的核算和申报

学习目标

1. 能计算应缴营业税额
2. 会办理营业税纳税申报
3. 培养自觉纳税的社会责任感

知识引导

1. 营业税的概念

营业税是对在我国境内提供应税劳务、转让无形资产或销售不动产取得的营业额为课征对象而征收的一种商品劳务税。

2. 营业税的征收范围

营业税的征税范围包括交通运输业、建筑业、金融保险业、邮电通信业、文化体育业、娱乐业、服务业、转让无形资产、销售不动产。

知识拓展

"营改增"的范围

2013 年 5 月 24 日，财政部、国家税务总局发布《关于在全国开展交通运输业和部分现代服务业营业税改征增值税试点税收政策通知》（财税[2013]37 号文），自 2013 年 8 月 1 日起，在全国范围内开展交通运输业和部分现代服务业"营改增"试点工作。对下列原应征营业税项目改为征收增值税：交通运输业、现代服务业（研发和技术服务、信息技术服务、文化创意服务、物流辅助服务、有形动产租赁服务、鉴证咨询服务、广播影视服务）。

3. 营业税的纳税人

（1）纳税人的一般规定。营业税的纳税人是指在我国境内提供应税劳务、转让无形资产或者销售不动产的单位和个人。

（2）纳税人的特殊规定。单位以承包、承租、挂靠方式经营的，承包人、承租人、挂靠人发生应税行为，承包人以发包人、出租人、被挂靠人名义对外经营并由发包人承担相关法律责任的，以发包人为纳税人；否则以承包人为纳税人。

建筑安装业务实行分包或转包的，分包或转包人为纳税人。

4. 营业税的税率

营业税的税率如表 3-39 所示。

表 3-39　营业税税率表

行业	税率
交通运输业、建筑业、邮电通信业、文化体育业	3%
服务业、金融保险业、销售不动产、转让无形资产	5%
娱乐业	5%～20%

注：娱乐业执行 5%～20%幅度税率，具体适用的税由各省、自治区、直辖市人民政府根据当地实际情况在税法规定的幅度内决定。自 2001 年 5 月 1 日起，对夜总会、歌厅、舞厅、射击、狩猎、跑马、游戏、电子游戏厅等娱乐行为一律按 20%的税率征收营业税。自 2004 年 7 月 1 日起，对保龄球、台球减按 5%的税率征收营业税，征税范围仍属于“娱乐业”。

5. 应纳营业税税额的计算

应纳营业税税额的计算比较简单，纳税义务人提供应税劳务、转让无形资产或销售不动产，按照营业额和规定的适用税率计算应缴税额。其计算公式为：

应纳营业税税额＝营业额×适用税率

（1）应税营业额的确定。应税营业额是纳税人提供应税劳务的营业额、转让无形资产的转让额或者销售不动产的销售额。它是纳税人向对方收取的全部价款和在价款之外取得的一切费用，如手续费、基金、集资费、代收款项以及其他各种性质的价外费用。

由于各行业经营都有其特性，所以各个行业在计算应税营业额时也有其特殊方法。为了规范各个行业的核算，税法对一些行业的核算方法做了具体规定。

① 建筑业。建筑业的总承包人将工种分包或转包给他人的，以全部价款减去付给分包人或转包人的价款后的余额为营业额。

从事建筑、修缮、装饰工程作业，无论与对方如何结算，其营业额均应包括工程所用原材料及其他物资和动力的价款在内。

从事安装工程作业，凡设备价值作为安装产值的，其营业额应包括设备的价款在内。

自建行为的营业额根据同类工程的价格确定；没有同类工程价格的，按下列公式核定计税价格：

计税价格=工程成本×（1+成本利润率）÷（1－营业税税率）

公式中的成本利润率由省、自治区、直辖市人民政府所属税务机关确定。

包工包料、包工不包料工程的营业额以材料、人工、费用全额征收营业税。

招标、投标工程的营业额应为中标的价格，中标以后调整的，以调整后的实际收入额为营业额。

② 金融保险业。金融机构自有资金以贷款利息为营业额；对于金融机构当期实际收到的各种罚款、罚息、加息等收入，应并入营业额中；买卖外汇、有价证券、期货，以卖出价减去买入价后的余额为营业额。

保险业实行分保的，初保业务以全部保费收入减去付给分保人的保费后的余额为营业额。为了简化手续，在实际纳税过程中，可对初保人按其向投保人收取的全部保费收入（不扣除分保费支出）征税，而对分保人取得的分保费收入不再征收营业税。

典当业的抵押贷款业务，无论资金来源如何，均按经营者取得的利息和其他各种名目的费用为营业额。

③ 文化体育业。单位或个人进行演出，以全部票价收入或包场收入（即全部收入）减去付给提供演出场所的单位、演出公司或者经纪人的费用后的余额为营业额。

④ 娱乐业。娱乐业的营业额为经营娱乐业向顾客收取的各项费用，包括门票收费、台

位费、点歌费、烟酒和饮料费及经营娱乐业向顾客收取的各项费用。

⑤ 服务业。旅游企业组织旅游团到境外旅游，在境外改由其他旅游企业接团，以全部旅费减去付给该接团企业的旅费后的余额为营业额。

旅游企业在境内组团旅游，改由其他旅游企业接团的，其营业额也允许扣除付给接团企业的费用。

旅游业务以全部收费减去替旅游者付给其他单位的餐费、住宿费、交通费、门票和其他代付费用后的余额为营业额。

⑥ 转让无形资产、销售不动产。单位和个人销售或转让其购置的不动产或受让的土地使用权，以全部收入减去不动产或土地使用权的购置或受让原价后的余额为营业额。

单位将不动产赠与他人的行为，营业额由主管税务机关核定。

纳税人提供应税劳务、转让无形资产或销售不动产价格明显偏低而无正当理由的，主管税务机关按下列顺序核定其营业额。按纳税人当月提供的同类应税劳务或者销售的同类不动产的平均价格核定；按纳税人最近时期提供的同类应税劳务或者销售的同类不动产的平均价格核定；按下列公式核定计税价格：

计税价格=营业成本或工程成本×（1+成本利润率）÷（1－营业税税率）

上列公式中的成本利润率由省、自治区、直辖市人民政府所属税务机关确定。

（2）应纳营业税税额的计算。

① 建筑业。

例 1 清河公司 5 月份将自建办公楼的一半产权出售，经查实该办公楼建筑总成本为 3 000 万元，市场上无同类建筑物价格。税务机关确定其成本利润率为 10%。计算该项业务应缴纳的营业税。

【解析】纳税人自建自用不动产部分不须缴纳营业税，自建不动产并销售的部分，按 3%的税率缴纳建筑业的营业税，按 5%的税率缴纳销售不动产的营业税。

建筑业营业税额 = 30 000 000×50%×（1+10%）÷（1−5%）= 17 368 421.05（元）

建筑业应纳营业税税额=17 368 421.05×5%=868 421.05（元）

销售不动产应纳营业税额=30 000 000×5% = 1 500 000（元）

② 金融保险业。

例 2 太阳保险公司 5 月份向投保人收取保费收入为 100 万元。计算该公司应缴纳的营业税。

【解析】金融保险业营业税税率为 5%。

应纳营业税税额 = 100×5% = 5（万元）

例 3 白云银行第三季度共吸收存款 800 万元，取得贷款利息 70 万元；办理结算业务手续费收入 50 万元。计算该银行第三季度应缴纳的营业税。

【解析】吸收存款属于银行负债，不属于收入，不纳税。金融业（不包括典当业）的纳税期限为一个月，银行按季度缴纳营业税。

应税营业额 = 70+50 = 120（万元）

应纳营业税税额 = 120×5% = 6（万元）

③ 文化体育业。

例 4 清风歌舞团 5 月份租借星海乐厅进行演出，由音乐厅代售演出票，取得演出收入 200 万元，支付音乐厅场地租金 50 万元，支付经纪人费用 20 万元。计算歌舞团该项演出须缴纳的营业税。

【解析】文化体育业营业税税率为 3%。

应税营业额 = 200−50−20 = 130（万元）

应纳营业税税额 = 130×3% = 3.9（万元）

注：清风歌舞团应缴纳的营业税 3.9 万元由星海音乐厅代扣代缴。

④ 娱乐业。

例 5 梦之都歌舞厅 5 月份共取得点歌费收入 10 万元，饮料茶水收入 6 万元，小吃收入 9 万元，烟酒收入 40 万元，其他收入 3 万元，计算歌舞厅应缴纳的营业税。

【解析】娱乐业的营业额为经营娱乐业向顾客收取的各项费用，包括门票收费、台位费、点歌费、烟酒和饮料费及经营娱乐业向顾客收取的各项费用。从 2001 年 5 月 1 日起，对夜总会、歌厅、舞厅、射击、狩猎、跑马、游戏、高尔夫球、游艺、电子游戏厅等娱乐行为一律按 20%的税率征收营业税。

应税营业额 = 10+6+9+40+3 = 68（万元）

应纳营业税税额 = 68×20% = 13.6（万元）

⑤ 服务业。

例 6 蓝之梦旅行社 5 月份共取得旅游收入 300 万元，其中境外旅游收入 100 万元，出境时改由境外旅行社接团，支付境外接团费用 50 万元；境内旅游收入 200 万元，代付旅客交通费 40 万元，住宿费 30 万元，门票 12 万元。计算该旅行社应缴纳的营业税。

【解析】纳税人从事旅游业务的，以其取得的全部价款和价外费用扣除替旅游者支付给其他单位或者个人的住宿费、餐费、交通费、旅游景点门票和支付给其他接团旅游企业的旅游费后的余额为营业额。

应税营业额 = 300−50−40−30−12 = 168（万元）

应纳营业税税额 = 168×5% = 8.4（万元）

⑥ 转让无形资产、销售不动产。

例 7 清溪公司 5 月份出售房屋一套，该房屋原购入成本 400 万元，已提折旧 80 万元，出售收入 418 万元。计算该项业务应缴纳的营业税。

【解析】转让无形资产、销售不动产的营业税税率为 5%。单位和个人销售或转让其购置的不动产或受让的土地使用权，以全部收入减去不动产或土地使用权的购置或受让原价后的余额为营业额。

应税营业额 = 418−400 = 18（万元）

应纳营业税税额 = 18×5% = 0.9（万元）

6. 营业税业务核算应设置的账户

企业设置“应缴税费——应缴营业税”、“营业税金及附加”、“固定资产清理”等账户核算营业税涉税业务。“固定资产清理”账户的结构如图 3-38 所示。

借	固定资产清理 贷
登记企业处置固定资产发生的清理费用、税金 登记结转到营业外收入的清理净收益	登记企业处置固定资产取得的清理收入 登记结转到营业外支出的清理净损失

图 3-38 “固定资产清理”账户结构

7. 营业税的减免规定

（1）营业税的起征点。《营业税暂行条例实施细则》关于营业税起征点规定如下：

① 营业税起征点仅限于个人；

② 按月纳税的，为月销售额 5 000～20 000 元；

③ 按次纳税的，为每次（日）销售额 300～500 元。

（2）免征营业税的项目如下。

① 托儿所、幼儿园、养老院、残疾人福利机构提供的育养服务、婚姻介绍、殡葬服务。

② 残疾人员个人提供的劳务。残疾人员个人提供的劳务是指残疾人员本人为社会提供的劳务。

③ 医院、诊所和其他医疗机构提供的医疗服务。

④ 学校和其他教育机构提供的教育劳务，学生勤工俭学提供的劳务。学校和其他教育机构是指普通学校以及经地、市级以上人民政府或者同级政府的教育行政部门批准成立、国家承认其学员学历的各类学校。

⑤ 农业机耕、排灌、病虫害防治、植物保护、农牧保险以及相关技术培训业务，家禽、牲畜、水生动物的配种和疾病防治。

⑥ 纪念馆、博物馆、文化馆、文物保护单位管理机构、美术馆、展览馆、书画院、图书馆举办文化活动的门票收入，宗教场所举办文化、宗教活动的门票收入。

⑦ 境内保险机构为出口货物提供的保险产品。

8. 营业税的纳税地点和纳税期限

（1）纳税地点如表 3-40 所示。

表 3-40 营业税纳税地点的规定

业务内容	纳税地点
提供应税劳务	劳务发生地
运输业务、转让其他无形资产	机构所在地
转让土地使用权、出售不动产	土地、不动产所在地

（2）纳税期限。企业纳税人一般以 1 个月为 1 个纳税期，金融业（不包括典当业）以一个季度为 1 个纳税期，纳税人自期满之日起 15 日内申报纳税。

任务1 营业税业务核算

任务描述

滨海市百里香酒业有限公司兼营酒吧，按20%的税率征收娱乐业营业税。

2013年5月“应缴税费——应缴营业税”期初贷方余额为160 000元，本月发生以下营业税业务，进行会计业务处理。

【业务1】5日，恒远科技公司到公司兼营的酒吧组织活动，消费酒水5 000元，小食3 000元。活动结束，酒吧向恒远科技公司开出发票（见图3-39），收到恒远科技公司开出的支票存入银行（进账单略）。

电子发票 手写无效

地方税收通用发票（电子）

全国统一发票监制章 记账 滨海市地方税务局监制

发票代码：244011071124

开票日期：2013-05-05　20:35:38　行业类别：娱乐业　　发票号码：00932110

付款方名称：恒远科技公司

付款方识别号：440000663622001

收款方名称：滨海市百里香酒业有限公司

收款方识别号：340104330663123

主管税务机关：滨海市地方税务局　　防伪码：09879803289256314111122

序号	开票项目说明	金额（元）	备注
1	酒水	5 000.00	
2	小食	3 000.00	
合计金额（大写）：人民币捌仟圆整		合计（小写）：¥8 000.00	

附注：

开票人：罗凤丽　　开票单位盖章：滨海市百里香酒业有限公司 340104330663123 发票专用章

第二联 收款方记账凭证

图3-39 发票

【业务2】10日，缴纳4月份营业税款160 000元，收到银行转来的电子缴税回单（略）。

【业务3】15日，客户张先生在酒吧消费酒水和小食共计3 000元，收到张先生支付的现金2 500元及消费赠券500元，向张先生开出发票（见图3-40）。

【业务4】31日，根据本月酒吧的营业额730 000元计提本月应缴营业税。

电子发票 手写无效

地方税收通用发票（电子）

记 账 联

发票代码：244011071124

开票日期：2013-05-15　行业类别：娱乐业　　发票号码：00932111

付款方名称：

付款方识别号：

收款方名称：滨海市百里香酒业有限公司

收款方识别号：340104330663123

主管税务机关：滨海市地方税务局　　防伪码：09879803289256314112211

序号	开票项目说明	金额（元）	备注
1	酒水、小食	2 500.00	

合计金额（大写）：人民币贰仟伍佰圆整　　合计（小写）：¥2 500.00

现金收讫

附注：

开票人：罗凤丽　　开票单位盖章：

滨海市百里香酒业有限公司 340104330663123 发票专用章

第二联 收款方记账凭证

图 3-40　发票

任务指导

该公司应按以下工作步骤进行 5 月份营业税业务核算工作。

【步骤 1】对取得的营业收入进行账务处理。

分析平时发生的营业收入业务，审核营业收入发票及其他原始凭证，进行会计业务处理。

根据【业务 1】中的发票、进账单等编制记账凭证（见表 3-41）。

表 3-41　　**简易记账凭证**

日期	凭证		摘要	会计分录	附件
	字	号			
5 日		略	酒吧销售酒水、小食	借：银行存款　8 000 　贷：其他业务收入　8 000	2

【业务 3】中的消费赠券是企业的一种促销手段，酒吧并没有因此发生实际费用支出，而是在应收金额上给予顾客一定的折扣优惠。根据会计准则规定，应按扣除折扣后的结算金额确认收入。我国税收制度规定，纳税人发生应税行为，如果将价款和折扣额在同一张发票上注明的，以折扣后的价款作为营业额；如果将折扣额另开发票的，不论其在财务上如何处理，均不得从营业额中扣除。根据【业务 3】编制的记账凭证，如表 3-42 所示。

表 3-42　　简易记账凭证

日期	凭证		摘要	会计分录	附件
	字	号			
15 日		略	酒吧销售酒水、小食	借：库存现金　2 500 　贷：其他业务收入　2 500	1

【步骤 2】对缴纳营业税款业务进行会计账务处理。

根据【业务 2】中的电子缴税回单编制记账凭证，如表 3-43 所示。

表 3-43　　简易记账凭证

日期	凭证		摘要	会计分录	附件
	字	号			
10 日		略	缴纳上月营业税	借：应缴税费——应缴营业税　160 000 　贷：银行存款　160 000	1

【步骤 3】对计提营业税业务进行会计账务处理。

月末，根据本月营业额，计算应缴纳的营业税，填写税金计算表（见表 3-44），编制记账凭证（见表 3-45）。

表 3-44　　税费计算表

2013 年 5 月 31 日

税（费）种	计税基数	税（费）率	税（费）额	备注
营业税	730 000.00	20%	146 000	娱乐业
合计			146 000	

复核：夏 添　　　　制表：冯东灵

表 3-45　　简易记账凭证

日期	凭证		摘要	会计分录	附件
	字	号			
31 日		略	计提本月应缴营业税	借：营业税金及附加　146 000 　贷：应缴税费——应缴营业税　146 000	1

活动拓展

“营业税改征增值税”的征税范围

滨海市百里香酒业有限公司向边城老窖集团转让一项土地使用权，取得转让收入 300 000 元。该项土地使用权购入时账面成本 120 000 元，累计摊销 96 000 元。

（1）取得转让收入时，编制以下会计分录。

借：银行存款　　300 000

　　贷：其他业务收入　　300 000

（2）结转土地使用权购入账面成本时，编制以下会计分录。

借：其他业务成本　　24 000

　　累计摊销　　96 000

　　贷：无形资产——土地使用权　　120 000

（3）根据转让土地使用权的营业额计算应缴纳的营业税。

应纳营业税额=（300 000–120 000）×5%=9 000（元）

（4）计提营业税时，编制以下会计分录。

借：营业税金及附加　　9 000

　　贷：应缴税费——应缴营业税　　9 000

任务2　营业税纳税申报

任务描述

2013 年 6 月 6 日，滨海市百里香酒业有限公司申报 5 月份的营业税。

任务指导

【步骤 1】计算应缴营业税额。

纳税人核查营业税收入账户及主要的原始凭证，计算应税营业额、应纳营业税税额；根据应税项目的具体情况，确认税前应扣除的营业额。

【步骤 2】填写营业税纳税申报表。

根据本公司营业情况填写《地方税收纳税申报表（综合）》（见表 3-46）。

【步骤 3】纳税申报。

纳税人可选择网上申报或上门申报两种方式进行纳税申报。各地税务机关对申报表提交的方式、要求不尽相同，下面介绍通过网上报税系统提交纳税申报资料的操作过程。

（1）纳税人登录地方税务机关网站的“网上办税大厅”后，选择“纳税申报”菜单，在“纳税申报”页面（见图 3-41）中选择“综合申报”进行纳税申报。

（2）输入数据。电子报税系统的综合纳税申报表和纸质纳税申报表的内容大致相同。纳税人在“综合纳税申报表”页面（见图 3-42）的“填开发票额”、“申报计税总额或总数量”栏目上输入数据。

（3）计税和提交。数据输入后，单击“综合纳税申报表”下面的“计税”按钮，系统自动计算生成数据。完成计税后的综合申报表如图 3-43 所示。纳税人仔细核对申报表无误后，单击“提交”按钮，提交申报数据。系统将出现申报成功的提示信息，如图 3-44 所示。

表 3-46

地方税收纳税申报表（综合）

填表日期：2013 年 6 月 6 日

纳税人税务登记号：[illegible]0104330663123　　纳税人电脑编码：

正常申报☑　自行补报□　稽查自查申报□　延期申报□　　计算单位：元（列至角分）· ㎡ · 本 · 份 · 吨

<table>
<tr><td colspan="2">纳税人名称（盖章）</td><td colspan="4">滨海市百里香酒业有限公司</td><td>注册地址</td><td colspan="5">滨海市沿江二路 1 号</td><td>注册类型</td><td colspan="2">有限责任公司</td></tr>
<tr><td colspan="2">开户银行</td><td colspan="4">工行沿江支行</td><td>账号</td><td colspan="4">1246248972</td><td>联系电话</td><td>0515-83340415</td><td>邮政编码</td><td>505095</td></tr>
<tr><td rowspan="2">征收项目</td><td rowspan="2">征收品目</td><td rowspan="2">税费子目代码</td><td rowspan="2">税款所属时期</td><td rowspan="2">申报计税总额或总数量</td><td rowspan="2">允许扣除金额或数量</td><td rowspan="2">计税金额或数量</td><td rowspan="2">税（征收）率（单位税额）</td><td rowspan="2">速算扣除额</td><td rowspan="2">应纳税（费）额</td><td colspan="2">扣除税（费）额</td><td rowspan="2">实际应缴纳税（费）额</td><td rowspan="2">税务机关已核定额</td><td rowspan="2">车牌号码及类型或房产、土地证号或项目管理码</td></tr>
<tr><td>批准减免额</td><td>批准免缴额</td></tr>
<tr><td>1</td><td>2</td><td>3</td><td>4</td><td>5</td><td>6</td><td>7</td><td>8</td><td>9</td><td>10</td><td>11</td><td>12</td><td>13</td><td>14</td><td>15</td></tr>
<tr><td>营业税</td><td>娱乐业</td><td></td><td>2013.05.01-2013.05.31</td><td>730 000.00</td><td></td><td>730 000.00</td><td>20%</td><td></td><td>146 000.00</td><td></td><td></td><td>146 000.00</td><td></td><td></td></tr>
<tr><td></td><td></td><td></td><td></td><td></td><td></td><td></td><td></td><td></td><td></td><td></td><td></td><td></td><td></td><td></td></tr>
<tr><td></td><td></td><td></td><td></td><td></td><td></td><td></td><td></td><td></td><td></td><td></td><td></td><td></td><td></td><td></td></tr>
<tr><td></td><td></td><td></td><td></td><td></td><td></td><td></td><td></td><td></td><td></td><td></td><td></td><td></td><td></td><td></td></tr>
<tr><td></td><td></td><td></td><td></td><td></td><td></td><td></td><td></td><td></td><td></td><td></td><td></td><td></td><td></td><td></td></tr>
<tr><td></td><td></td><td></td><td></td><td></td><td></td><td></td><td></td><td></td><td></td><td></td><td></td><td></td><td></td><td></td></tr>
<tr><td>合计</td><td></td><td></td><td></td><td></td><td></td><td></td><td></td><td></td><td>146 000.00</td><td></td><td></td><td>146 000.00</td><td></td><td></td></tr>
</table>

续表

<table>
<tr><td rowspan="2">房产税附列资料</td><td rowspan="2">房产建筑面积</td><td rowspan="2">m²</td><td colspan="8">本期房产原值</td><td rowspan="2">租金收入</td><td rowspan="2"></td></tr>
<tr><td>本期实际房产原值</td><td></td><td>从价计税的房产原值</td><td></td><td>从租计税的房产原值</td><td></td><td>批准减免税的房产原值</td><td></td></tr>
<tr><td colspan="7">如纳税人填报，由纳税人填列以下各栏</td><td colspan="6">如委托代理人填报，由代理人填列以下各栏</td></tr>
<tr><td colspan="7">纳税人声明：此纳税申报表是根据国家税收法律的规定填报的，我确信它是真实的、可靠的、完整的。
声明人签名：顾明伟</td><td colspan="6">代理人声明：此纳税申报表是根据国家税收法律的规定填报的，我确信它是真实的、可靠的、完整的。
声明人签名：</td></tr>
<tr><td colspan="2">主管会计</td><td colspan="2">夏添</td><td colspan="2">经办人</td><td>冯冬灵</td><td>税务代理机构名称</td><td></td><td>税务代理机构地址</td><td></td><td>经办人</td><td></td></tr>
<tr><td colspan="4">由税务机关填写</td><td colspan="3">受理人签名：　　年　月　日</td><td colspan="3">审核人签名：　　年　月　日</td><td colspan="3">录入人签名：　　年　月　日</td></tr>
</table>

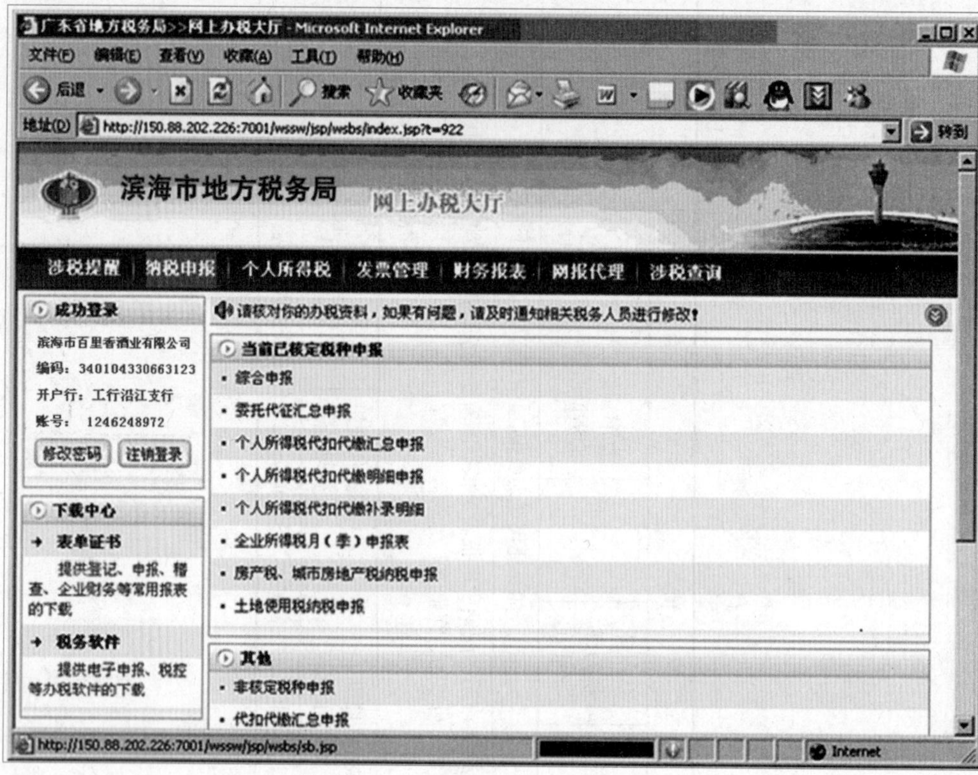

图 3-41　纳税申报网页

图 3-42　“综合纳税申报表”页面

图 3-43　完成计算后的“综合纳税申报表”页面

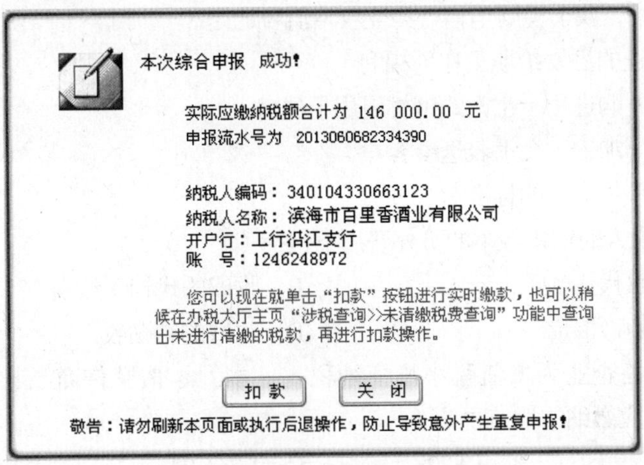

图 3-44 纳税申报成功页面

【步骤 4】缴纳税款。

缴纳税款前，纳税人必须确认其银行账户中有足够的存款。

采用上门申报、提交纸质纳税申报资料的，税务机关审核纳税申报资料正确无误后，从纳税人的银行账户中扣除税款。

通过网上报税系统申报的，纳税人在“纳税申报成功”页面，单击“扣款”按钮，即可完成缴税。系统将出现扣款成功的提示信息，如图 3-45 所示。

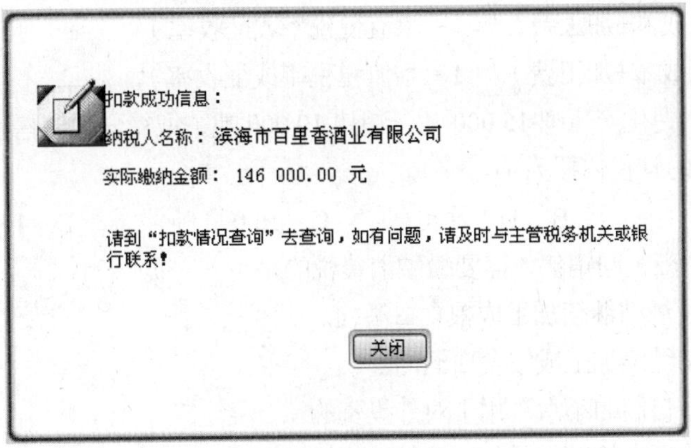

图 3-45 扣款成功页面

实训体验

【单选题】

1. 增值税一般纳税人发生的下列业务中，应当开具增值税专用发票的是（ ）。

A. 向一般纳税人销售应税货物　　B. 向消费者销售应税货物

C. 将自产货物用于个人消费　　D. 销售不动产

2. 下列行为中，属于视同销售行为征收增值税的是（　　）。

A. 企业将购进的酒发给职工作为福利

B. 企业将上月购进用于生产的钢材现用于建房

C. 委托手表厂加工一批手表送给客户

D. 黄金经营单位进口的标准黄金

3. 增值税纳税人的销售额中的价外费用不包括（　　）。

A. 收取的代收代垫款项　　B. 收取的代销手续费

C. 收取的包装物租金　　D. 收取的补贴收入

4. 某商业零售企业为增值税小规模纳税人，本月零售销售商品收入（含增值税）41 200 元。该企业应缴纳的增值税为（　　）元。

A. 1 248　　B. 1 872　　C. 1 766.04　　D.1 200

5. 某电视机厂（一般纳税人）本月销售电视 100 台，不含税单价为 2 300 元，已开具增值税专用发票，双方议定送货上门，商场支付运费 1 500 元（开具普通发票）。当月该企业可抵扣进项税额为 3 400 元，该企业应纳增值税是（　　）元。

A. 35 955　　B. 35 917.95　　C. 35 700　　D. 4 127.95

6. 委托加工的应税消费品，按受托方同类消费品的销售价格计算纳税，没有同类消费品的销售价格的，按照组成计税价格计算纳税，其计税价格为（　　）。

A.（材料加工成本+加工费）/（1 + 消费税税率）

B.（材料加工成本+加工费）/（1 − 消费税税率）

C.（材料加工成本+加工费）/（1 + 增值税税率或征收率）

D.（材料加工成本+加工费）/（1 − 增值税税率或征收率）

7. 某啤酒厂本月生产生啤 15 000 吨，销售 10 000 吨，取得含税销售收入 117 万元。啤酒厂应缴纳消费税的计税依据为（　　）。

A. 100 万元　　B. 117 万元　　C. 10 000 吨　　D. 15 000 吨

8. 下列项目中应视同销售，需要缴纳消费税的是（　　）。

A. 用外购已税酒精继续加工成粮食白酒的

B. 用自制酒精继续加工成粮食白酒的

C. 某汽车厂将自制的小汽车用于对外投资的

D. 委托加工收回的酒精继续加工成粮食白酒的

9. 纳税人将自建建筑物出售的，正确的说法是（　　）。

A. 免征营业税

B. 按建筑业的税目征收营业税

C. 按销售不动产征收营业税

D. 其自建行为按建筑业税目征收营业税；其销售行为按销售不动产税目征收营业税

10. 公园自办的游乐园收取的门票收入，应按（　　）税目征收营业税。

A. 文化体育业　　B. 服务业——旅游业

C. 娱乐业——歌舞厅　　D. 娱乐业——游艺场

【多选题】

1. 在下列项目中，应视同销售计算增值税销项税额或应纳税额的有（　　）。

A. 将购进的货物无偿赠送他人

B. 将购进的货物分配给职工

C. 将委托加工收回的货物用于本企业在建工程

D. 将自制的货物用于对外投资

2. 下列情形中不得开具增值税专用发票的有（　　）。

A. 向消费者销售应税项目

B. 提供营业税劳务

C. 销售报关出口的货物

D. 将货物无偿赠送他人用于集体福利

3. “应缴税费”一级科目下设（　　）二级明细科目进行应交增值税的核算。

A. 应缴增值税　　B. 未缴增值税

C. 进项税额　　D. 销项税额

4. 下列行为中，涉及进项税额可以从销项税额中抵扣的是（　　）。

A. 将外购的货物用于本单位集体福利

B. 将外购的货物分配给股东和投资者

C. 将外购的货物无偿赠送给其他人

D. 将外购的货物作为投资提供给其他单位

5. 根据消费税法律制度的规定，对部分应税消费品实行从量定额和从价定率相结合的复合计税办法。下列各项中，属于实行复合计税办法的消费品有（　　）。

A. 卷烟　　B. 烟丝　　C. 粮食白酒　　D. 薯类白酒

6. 根据消费税法律制度的规定，下列各项中，应当缴纳消费税的有（　　）。

A. 销售白酒取得的包装物作价收入

B. 销售白酒取得的包装物押金收入

C. 将自产白酒作为福利发给本厂职工

D. 使用自产酒精生产白酒

7. 自产应税消费品用于（　　），应按视同销售计征消费税。

A. 作为福利发给职工　　B. 连续生产应税消费品

C. 连续生产非应税消费品　　D. 广告样品

8. 对于销售价格明显偏低并无正当理由的，税务机关确定其营业额的方法有（　　）。

A. 按纳税人当月提供的同类应税劳务或者销售的同类不动产的平均价格核定

B. 按纳税人最近时期发生同类应税行为的平均价格核定

C. 按其他纳税人最近时期发生同类应税行为的平均价格核定

D. 按下列公式核定：营业额=营业成本或者工程成本×（1+成本利润率）÷（1−营业税税率）

9. 下列关于营业税纳税地点正确的说法是（　　）。

A. 提供应税劳务的（运输除外），向劳务发生地税务机关纳税

B. 转让土地使用权的，向土地使用权所在地税务机关纳税

C. 出售不动产的，向不动产所在地税务机关纳税

D. 提供运输服务的，向机构所在地税务机关纳税

10. 某娱乐城 2013 年 5 月份，取得歌舞厅收入 30 万元，游戏厅收入 20 万元，台球厅收入 10 万元，美容美发收入 7 万元。当地营业税率为：娱乐业——台球 5%，其他娱乐业 20%。以下表述正确的是（　　）。

A. 台球收入缴纳营业税 0.5 万元

B. 美容美发收入缴纳营业税 0.35 万元

C. 娱乐城当月应缴纳营业税合计 10.85 万元

D. 游戏厅收入缴纳营业税 4 万元

【业务题】

1. 某公司为增值税一般纳税人，2 月份销售钢材一批，开出增值税专用发票中注明销售额为 100 000 元，税额为 17 000 元，另开出一张普通发票，收取包装费 23 400 元，计算该公司 2 月份增值税销项税额。

2. 某公司为增值税一般纳税人，2 月份销售同一规格、质量的商品 3 批，每批各 100 件，销售单价（不含税）分别为 80 元、80 元和 30 元。经税务机关认定，第 3 批货物的销售价格明显偏低且无正当理由。计算该公司 2 月份增值税销项税额。

3. 某商店为增值税小规模纳税人，2 月份发生以下经济业务：①销售服装取得含增值税销售额 3 090 元，开具普通发票；②购进办公用品一批，取得增值税发票，价款 16 000 元、增值税款 2 720 元；③销售日用品取得含税销售额 8 240 元，开具普通发票。计算该商店 2 月份应纳增值税税额。

4. 某化妆品厂 2 月份发生以下经济业务：①委托某加工厂加工化妆品，提供原材料价值 68 000 元，支付加工费 2 000 元，该批加工产品已收回（受托方没有该化妆品同类货物价格）；②销售本企业生产的化妆品，取得销售额 65 0000 元（不含增值税）；③向全体女职工发放化妆品，同类化妆品售价 8 000 元（不含增值税）。计算该化妆品厂应纳消费税额。

5. 某有线电视台 5 月份取得收入 500 万元，其中，广告收入 200 万元，有线电视收视费收入 200 万元，有线电视用户初装费收入 100 万元，计算当月该有线电视台应缴营业税。（广告收入适用服务业税目，有线电视收视费收入适用文化体育业税目，有线电视初装费收入适用建筑业税目。）

6. 某娱乐城 5 月份取得营业收入 20 万元，其中台球收入 3 万元，高尔夫球收入 4 万元，保龄球收入 11 万元，放映厅收入 2 万元，计算当月该娱乐城应缴营业税。（台球、保龄球和高尔夫球适用娱乐业税目，税率分别为 5%、5%、20%；放映厅收入适用文化体育业税目。）

【综合实训】

南通雄誉实业有限责任公司基本资料如表 3-47 所示。

表 3-47　**南通雄誉实业有限责任公司概况**

企业名称	南通雄誉实业有限责任公司
企业类型	有限责任公司、一般纳税人
法人代表	张三
住址、电话	南通青年路 139 号　电话：0515-5237167
纳税人登记证号	320602000000000000123
开户银行	工商银行青年路分理处
账号	018401028

1. 该公司 2013 年 2 月发生下列增值税业务

（1）2 日，缴纳上月的增值税 16 540 元。

（2）3 日，向东方建筑材料公司购入甲材料 150 吨，单价 2 100 元，收到增值税专用发票，价款 315 000 元，税款 53 550 元，价税合计 368 550 元。材料已验收入库，货款以银行存款支付。

（3）4 日，向南方铝材公司购入乙材料 180 吨，单价 500 元，收到增值税专用发票，价款 630 000 元，税款 107 100 元，价税合计 737 100 元；另取得货物运输增值税发票，运费 25 500 元，增值税 2 805 元，价税合计 28 305 元。材料已验收入库，货款、运费以银行存款支付。

（4）9 日，向光明农场收购用于生产加工的农产品一批，农产品已验收入库，取得农产品收购发票，价款 100 000 元，以银行存款支付 100 000 元。

（5）10 日，销售 A 产品 8 台，货款为 240 000 元，税款为 40 800 元，随同产品一起售出包装箱 4 个，货款为 3 200 元，税款为 544 元，开具增值税专用发票，款项已存入银行。

（6）12 日，向小规模纳税人天阳公司销售 B 产品 10 台，开出 29 250 元的普通发票，款项已存入银行。

（7）14 日，将 C 产品 5 台，无偿捐赠给新疆化工厂，用以支援西部开发。该捐赠产品经税务机关认定的计税单价（不含税）为 200 000 元。

（8）16 日，购入汽车一辆，取得增值税专用发票，价款为 150 000 元，税款为 25 500 元，款项已用银行存款支付。

（9）17 日，机修车间对外提供加工服务，收取劳务费用 9 000 元（含税），开具普通发票，款项已经存入银行。

（10）28 日，上月销售的 B 产品 5 台发生销售退回，价款共 175 500 元，应退增值税 29 835 元。开出红字增值税专用发票，并以银行存款支付退货款项。

要求：

（1）计算本月应缴纳的增值税；

（2）3 月 6 日填制一般纳税人增值税纳税申报表、增值税纳税申报表附列资料，如表 3-48～表 3-51 所示。

2. 该公司 2013 年 5 月发生下列营业税业务

表3-48　　增值税纳税申报表（一般纳税人适用）

根据国家税收法律法规及增值税相关规定制定本表。纳税人不论有无销售额，均应按税务机关核定的纳税期限填写本表，并向当地税务机关申报。

税款所属时间：自　　年　月　日至　　年　　月　　日　　填表日期：　　年　　月　日　　金额单位：元（列至角分）

纳税人识别号				所属行业：			
纳税人名称		法定代表人姓名		注册地址		生产经营地址	
开户银行及账号		登记注册类型				电话号码	

项目		栏次	一般货物、劳务和应税服务		即征即退货物、劳务和应税服务	
			本月数	本年累计	本月数	本年累计
销售额	（一）按适用税率征税货物及劳务销售额	1				
	其中：应税货物销售额	2				
	应税劳务销售额	3				
	纳税检查调整的销售额	4				
	（二）按简易征收办法征税货物销售额	5				
	其中：纳税检查调整的销售额	6				
	（三）免、抵、退办法出口销售额	7				
	（四）免税销售额	8				
	其中：免税货物销售额	9				
	免税劳务销售额	10				
税款计算	销项税额	11				
	进项税额	12				
	上期留抵税额	13				
	进项税额转出	14				

续表

项目		栏次	一般货物、劳务和应税服务		即征即退货物、劳务和应税服务	
			本月数	本年累计	本月数	本年累计
税款计算	免、抵、退应退税额	15				
	按适用税率计算的纳税检查应补缴税额	16				
	应抵扣税额合计	17=12+13-14-15+16				
	实际抵扣税额	18（如17<11，则为17，否则为11）				
	应纳税额	19=11-18				
	期末留抵税额	20=17-18				
	简易计税办法计算的应纳税额	21				
	按简易计税办法计算的纳税检查应补缴税额	22				
	应纳税额减征额	23				
	应纳税额合计	24=19+21-23				
税款缴纳	期初未缴税额（多缴为负数）	25				
	实收出口开具专用缴款书退税额	26				
	本期已缴税额	27=28+29+30+31				
	①分次预缴税额	28				
	②出口开具专用缴款书预缴税额	29				
	③本期缴纳上期应纳税额	30				
	④本期缴纳欠缴税额	31				
	期末未缴税额（多缴为负数）	32=24+25+26-27				
	其中：欠缴税额（≥0）	33=25+26-27				
	本期应补（退）税额	34＝24-28-29				

续表

<table>
<tr><td colspan="2" rowspan="2">项　　目</td><td rowspan="2">栏次</td><td colspan="2">一般货物、劳务和应税服务</td><td colspan="2">即征即退货物、劳务和应税服务</td></tr>
<tr><td>本月数</td><td>本年累计</td><td>本月数</td><td>本年累计</td></tr>
<tr><td rowspan="4">税款缴纳</td><td>即征即退实际退税额</td><td>35</td><td></td><td></td><td></td><td></td></tr>
<tr><td>期初未缴查补税额</td><td>36</td><td></td><td></td><td></td><td></td></tr>
<tr><td>本期入库查补税额</td><td>37</td><td></td><td></td><td></td><td></td></tr>
<tr><td>期末未缴查补税额</td><td>38=16+22+36-37</td><td></td><td></td><td></td><td></td></tr>
<tr><td>授权声明</td><td colspan="2">如果你已委托代理人申报，请填写下列资料：
为代理一切税务事宜，现授权
（地址）　　为本纳税人的代理申报人，任何与本申报表有关的往来文件，都可寄予此人。
授权人签字：</td><td>申报人声明</td><td colspan="3">本纳税申报表是根据国家税收法律法规及相关规定填报的，我确定它是真实的、可靠的、完整的。
声明人签字：</td></tr>
<tr><td colspan="3">主管税务机关：</td><td colspan="4">接收人：</td></tr>
</table>

表 3-49

增值税纳税申报表附列资料（一）（本期销售情况明细）

税款所属时间：　　年　　月　　日至　　年　　月　　日

纳税人名称：（公章）　　　　　　　　　　　　　　　　　　　　　　　　　　　　金额单位：元（列至角分）

<table>
<tr><td colspan="4" rowspan="3">项目及栏次</td><td colspan="2">开具税控增值税专用发票</td><td colspan="2">开具其他发票</td><td colspan="2">未开具发票</td><td colspan="2">纳税检查调整</td><td colspan="3">合计</td><td rowspan="2">应税服务扣除项目本期实际扣除金额</td><td colspan="2">扣除后</td></tr>
<tr><td>销售额</td><td>销项（应纳）税额</td><td>销售额</td><td>销项（应纳）税额</td><td>销售额</td><td>销项（应纳）税额</td><td>销售额</td><td>销项（应纳）税额</td><td>销售额</td><td>销项（应纳）税额</td><td>价税合计</td><td>含税（免税）销售额</td><td>销项（应纳）税额</td></tr>
<tr><td>1</td><td>2</td><td>3</td><td>4</td><td>5</td><td>6</td><td>7</td><td>8</td><td>9=1+3+5+7</td><td>10=2+4+6+8</td><td>11=9+10</td><td>12</td><td>13=11−12</td><td>14=13÷(100%+税率或征收率)×税率或征收率</td></tr>
<tr><td rowspan="7">一、一般计税方法计税</td><td rowspan="5">全部征税项目</td><td>17%税率的货物及加工修理修配劳务</td><td>1</td><td></td><td></td><td></td><td></td><td></td><td></td><td></td><td></td><td></td><td></td><td></td><td></td><td></td><td></td></tr>
<tr><td>17%税率的有形动产租赁服务</td><td>2</td><td></td><td></td><td></td><td></td><td></td><td></td><td></td><td></td><td></td><td></td><td></td><td></td><td></td><td></td></tr>
<tr><td>13%税率</td><td>3</td><td></td><td></td><td></td><td></td><td></td><td></td><td></td><td></td><td></td><td></td><td></td><td></td><td></td><td></td></tr>
<tr><td>11%税率</td><td>4</td><td></td><td></td><td></td><td></td><td></td><td></td><td></td><td></td><td></td><td></td><td></td><td></td><td></td><td></td></tr>
<tr><td>6%税率</td><td>5</td><td></td><td></td><td></td><td></td><td></td><td></td><td></td><td></td><td></td><td></td><td></td><td></td><td></td><td></td></tr>
<tr><td rowspan="2">其中：即征即退项目</td><td>即征即退货物及加工修理修配劳务</td><td>6</td><td></td><td></td><td></td><td></td><td></td><td></td><td></td><td></td><td></td><td></td><td></td><td></td><td></td><td></td></tr>
<tr><td>即征即退应税服务</td><td>7</td><td></td><td></td><td></td><td></td><td></td><td></td><td></td><td></td><td></td><td></td><td></td><td></td><td></td><td></td></tr>
</table>

续表

项目及栏次				开具税控增值税专用发票		开具其他发票		未开具发票		纳税检查调整		合计			应税服务扣除项目本期实际扣除金额	扣除后	
				销售额	销项（应纳）税额	销售额	销项（应纳）税额	销售额	销项（应纳）税额	销售额	销项（应纳）税额	销售额	销项（应纳）税额	价税合计		含税（免税）销售额	销项（应纳）税额
				1	2	3	4	5	6	7	8	9=1+3+5+7	10=2+4+6+8	11=9+10	12	13=11−12	14=13÷(100%+税率或征收率)×税率或征收率
二、简易计税方法计税	全部征税项目	6%征收率	8														
		5%征收率	9														
		4%征收率	10														
		3%征收率的货物及加工修理修配劳务	11														
		3%征收率的应税服务	12														
		预征率 %	13														
	其中：即征即退项目	即征即退货物及加工修理修配劳务	14														
		即征即退应税服务	15														
三、免抵退税	货物及加工修理修配劳务		16														
	应税服务		17														
四、免税	货物及加工修理修配劳务		18														
	应税服务		19														

表 3-50　　增值税纳税申报表附列资料（二）（本期进项税额明细）

税款所属时间：　　年　　月　　日至　　年　　月　　日

纳税人名称：（公章）　　　　　　　　　　　　　　金额单位：元（列至角分）

一、申报抵扣的进项税额				
项目	栏次	份数	金额	税额
（一）认证相符的税控增值税专用发票	1=2+3			
其中：本期认证相符且本期申报抵扣	2			
前期认证相符且本期申报抵扣	3			
（二）其他扣税凭证	4=5+6+7+8			
其中：海关进口增值税专用缴款书	5			
农产品收购发票或者销售发票	6			
代扣代缴税收缴款凭证	7			
运输费用结算单据	8			
	9			
	10			
（三）外贸企业进项税额抵扣证明	11			
当期申报抵扣进项税额合计	12=1+4+11			
二、进项税额转出额				
项目	栏次	税额		
本期进项税转出额	13=14 至 23 之和			
其中：免税项目用	14			
非应税项目用、集体福利、个人消费	15			
非正常损失	16			
简易计税方法征税项目用	17			
免抵退税办法不得抵扣的进项税额	18			
纳税检查调减进项税额	19			
红字专用发票通知单注明的进项税额	20			
上期留抵税额抵减欠税	21			
上期留抵税额退税	22			
其他应作进项税额转出的情形	23			
三、待抵扣进项税额				
项目	栏次	份数	金额	税额
（一）认证相符的税控增值税专用发票	24	—	—	—
期初已认证相符但未申报抵扣	25			
本期认证相符且本期未申报抵扣	26			
期末已认证相符但未申报抵扣	27			
其中：按照税法规定不允许抵扣	28			

续表

三、待抵扣进项税额				
项目	栏次	份数	金额	税额
（二）其他扣税凭证	29=30 至 33 之和			
其中：海关进口增值税专用缴款书	30			
农产品收购发票或者销售发票	31			
代扣代缴税收缴款凭证	32		—	
运输费用结算单据	33			
	34			
四、其他				
项目	栏次	份数	金额	税额
本期认证相符的税控增值税专用发票	35	3		
代扣代缴税额	36	—	—	

表 3-51　　　　固定资产进项税额抵扣情况表

纳税人名称（公章）：　　填表日期：　　年　　月　　日　金额单位：元（列至角分）

项目	当期申报抵扣的固定资产进项税额	申报抵扣的固定资产进项税额累计
增值税专用发票		
海关进口增值税专用缴款书		
合　　计		

（1）客房部本月收入 600 000 元，已全部存入银行。

（2）餐饮部本月收入 135 000 元，已全部存入银行。

（3）歌舞厅送来本月收入清单：门票收入 400 000 元，烟酒饮料收入 50 000 元，点歌费收入 50 000 元，已全部存入银行（适用营业税税率为 20%）。

（4）境外旅游收入 700 000 元，已全部存入银行，以存款支付境外旅行社接团费 300 000 元。

（5）出售一处附属建筑物，取得收入 1 200 000 元，该房屋原价 500 000 元，已使用 10 年，已提取折旧 400 000 元。

要求：

（1）计算本月应缴营业税；

（2）编制计提营业税的会计分录；

（3）6 月 6 日填写地方税收纳税申报表（综合），如表 3-52 所示。

表 3-52

地方税收纳税申报表（综合）

填表日期：　　年　　月　　日

纳税人税务登记号：　　　　　　　　纳税人电脑编码：

正常申报□　　自行补报□　　稽查自查申报□　　延期申报□　　　　计算单位：元（列至角分）· m² · 本 · 份 · 吨

<table>
<tr><td colspan="2">纳税人名称（盖章）</td><td colspan="4"></td><td>注册地址</td><td colspan="5"></td><td>注册类型</td><td colspan="2"></td></tr>
<tr><td colspan="2">开户银行</td><td colspan="4"></td><td>账号</td><td colspan="3"></td><td colspan="2">联系电话</td><td></td><td>邮政编码</td><td></td></tr>
<tr><td rowspan="2">征收项目</td><td rowspan="2">征收品目</td><td rowspan="2">税费子目代码</td><td rowspan="2">税款所属时期</td><td rowspan="2">申报计税总额或总数量</td><td rowspan="2">允许扣除金额或数量</td><td rowspan="2">计税金额或数量</td><td rowspan="2">税(征收)率(单位税额)</td><td rowspan="2">速算扣除额</td><td rowspan="2">应纳税(费)额</td><td colspan="2">扣除税(费)额</td><td rowspan="2">实际应缴纳税(费)额</td><td rowspan="2">税务机关已核定额</td><td rowspan="2">车牌号码及类型或房产、土地证号或项目管理码</td></tr>
<tr><td>批准减免额</td><td>批准免缴额</td></tr>
<tr><td>1</td><td>2</td><td>3</td><td>4</td><td>5</td><td>6</td><td>7</td><td>8</td><td>9</td><td>10</td><td>11</td><td>12</td><td>13</td><td>14</td><td>15</td></tr>
<tr><td></td><td></td><td></td><td></td><td></td><td></td><td></td><td></td><td></td><td></td><td></td><td></td><td></td><td></td><td></td></tr>
<tr><td></td><td></td><td></td><td></td><td></td><td></td><td></td><td></td><td></td><td></td><td></td><td></td><td></td><td></td><td></td></tr>
<tr><td></td><td></td><td></td><td></td><td></td><td></td><td></td><td></td><td></td><td></td><td></td><td></td><td></td><td></td><td></td></tr>
<tr><td></td><td></td><td></td><td></td><td></td><td></td><td></td><td></td><td></td><td></td><td></td><td></td><td></td><td></td><td></td></tr>
<tr><td></td><td></td><td></td><td></td><td></td><td></td><td></td><td></td><td></td><td></td><td></td><td></td><td></td><td></td><td></td></tr>
<tr><td></td><td></td><td></td><td></td><td></td><td></td><td></td><td></td><td></td><td></td><td></td><td></td><td></td><td></td><td></td></tr>
<tr><td></td><td></td><td></td><td></td><td></td><td></td><td></td><td></td><td></td><td></td><td></td><td></td><td></td><td></td><td></td></tr>
</table>

续表

<table>
<tr><td rowspan="2">房产税附列资料</td><td rowspan="2">房产建筑面积</td><td rowspan="2">m²</td><td colspan="8">本　期　房　产　原　值</td><td rowspan="2">租金收入</td><td rowspan="2"></td></tr>
<tr><td>本期实际房产原值</td><td></td><td>从价计税的房产原值</td><td></td><td>从租计税的房产原值</td><td></td><td>批准减免税的房产原值</td><td></td></tr>
<tr><td colspan="6">如纳税人填报，由纳税人填列以下各栏</td><td colspan="7">如委托代理人填报，由代理人填列以下各栏</td></tr>
<tr><td colspan="6">纳税人声明：此纳税申报表是根据国家税收法律的规定填报的，我确信它是真实的、可靠的、完整的。
声明人签名：</td><td colspan="7">代理人声明：此纳税申报表是根据国家税收法律的规定填报的，我确信它是真实的、可靠的、完整的。
声明人签名：</td></tr>
<tr><td>主管会计</td><td colspan="2"></td><td colspan="2">经办人</td><td></td><td>税务代理机构名称</td><td colspan="2"></td><td>税务代理机构地址</td><td></td><td>经办人</td><td></td></tr>
<tr><td colspan="4">由税务机关填写</td><td colspan="3">受理人签名：　　　年　月　日</td><td colspan="3">审核人签名：　　　年　月　日</td><td colspan="3">录入人签名：　　　年　月　日</td></tr>
</table>

模块4 所得税的核算和申报

所得税指以纳税人的所得额为征收对象征收的一种税。所得额是指纳税人在一定时期内取得的可用货币计量的收入，扣除为取得这些收入所需各种耗费后的净额。所得税具有多得多征、少得少征、无所得不征的特点。我国现行所得税有企业所得税和个人所得税两种，它们的核算与申报方式如图 4-1 所示。

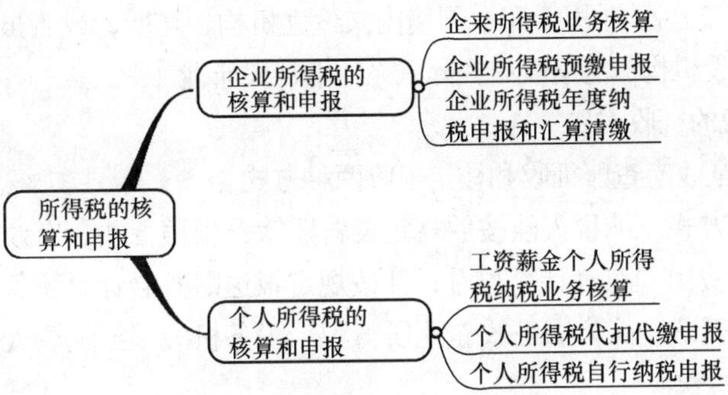

图 4-1　所得税学习导航图

项目1　企业所得税的核算和申报

学习目标

1. 能计算应纳税所得额、应纳所得税税额
2. 会办理企业所得税的预缴申报和年度申报
3. 养成严谨的职业素养，具备对数据进行逻辑分析、判断的能力

知识引导

1. 企业所得税的概念

企业所得税是指对企业来源于中国境内、境外生产经营所得和其他所得征收的一种税。企业所得税是国家参与企业利润分配的一种规范形式，是我国的主体税种之一。

2. 企业所得税的纳税人

企业所得税的纳税人分为居民企业和非居民企业。

（1）居民企业。居民企业是指依法在中国境内成立，或者依照外国（地区）法律成立的但实际管理机构在中国境内的企业。

（2）非居民企业。非居民企业是指依照外国（地区）法律成立且实际管理机构不在中国境内，但在中国境内设立机构、场所的，或者在中国境内未设立机构、场所，但有来源于中国境内所得的企业。

3. 企业所得税的税率

企业所得税实行比例税率。现行规定如下所示。

（1）基本税率为 25%。适用于居民企业和在中国境内设有机构、场所且所得与机构、场所有关联的非居民企业。

（2）低税率为 20%。适用于在中国境内未设立机构、场所，或者虽设立机构、场所但取得的所得与其所设机构、场所没有实际联系的非居民企业。

4. 企业所得税的征收方式

企业所得税的征收有查账征收和核定征收两种方式。

（1）查账征收方式。纳税人能按照规定设置账簿，根据合法、有效凭证记账，能准确核算收入、成本、费用，准确计算盈亏，并按规定报送财务会计、税务报表资料的，经税务机关认定后，可采取查账方式征收企业所得税。税务机关根据纳税人的生产经营情况，确定纳税人应纳所得税额。

（2）核定征收方式。纳税人具有下列情形之一的，税务机关采用核定征收方式确定其应纳所得税额：

① 依照税收法律法规规定可以不设账簿或者应设账簿但未设账簿的；

② 只能准确核算收入总额或收入总额能够查实，但其成本费用支出不能准确核算的；

③ 只能准确核算成本费用支出或成本费用能够查实，但其收入总额不能准确核算的；

④ 账目设置和核算虽然符合规定，但并未按照规定保存有关账簿、凭证及有关纳税资料的；

⑤ 发生纳税义务，但未按照税收法律法规规定的期限办理纳税申报，经税务机关责令限期申报，逾期仍不申报的。

5. 采用查账征收方式的应纳税所得额的计算

企业每一纳税年度的收入总额减除不征税收入、免税收入、各项扣除以及允许弥补的以前年度亏损后的余额，为应纳税所得额。其计算公式有以下两种。

一是直接法：

应纳税所得额 = 收入总额 − 不征税收入 − 免税收入 − 准予扣除项目金额 − 允许弥补的以前年度亏损金额

二是间接法：

应纳税所得额=会计利润+纳税调整增加额−纳税调整减少额

（1）收入总额。企业收入总额包括以货币形式和非货币形式从各种来源取得的收入。主要有销售货物收入、劳务收入、转让财产收入、利息收入、租金收入、特许权使用费收入、接受捐赠收入、股息红利等权益性投资收益及其他收入。

（2）不征税收入。收入总额中的下列收入列为不征税收入：财政拨款；依法收取并纳入财政管理的行政事业性收费；政府性基金；国务院规定的其他不征税收入。

（3）免税收入。

企业的下列收入为免税收入：国债利息收入；符合条件的居民企业之间的股息、红利等权益性投资收益；在我国境内设立机构、场所的非居民企业，从居民企业取得与该机构、场所有实际联系的股息、红利等权益性投资收益；符合条件的非营利组织的收入。

（4）准予扣除项目及其标准。企业实际发生的与取得收入有关的、合理的支出，包括成本、费用、税金、损失和其他支出，准予在计算应纳税所得额时扣除。

这里所称的有关的支出是指与取得收入直接相关的支出；合理的支出是指符合生产经营活动常规，应当计入当期损益或者有关资产成本的必要和正常的支出。

《企业所得税法》对企业发生的各项支出有明确规定，符合规定的支出才能准予在收入中扣除。具体准予扣除的项目和标准的规定如下。

① 工资薪金支出。企业发生的合理的工资薪金支出，准予扣除。

② 保险费和住房公积金支出。国家规定范围和标准内的，为职工支付的社保、住房公积金、补充养老费、补充医疗费等支出，特殊工种的人身安全保险费支出，准予扣除。除国家规定外，为投资者和职工支付的商业保险费支出，不得扣除。

③ 职工福利费、工会经费、职工教育经费支出。企业实际发生的职工福利费、工会经费、职工教育经费支出，不超过工资薪金总额的 14%、2%、2.5%的部分，准予扣除。

企业发生的职工教育经费支出超过工资薪金总额 2.5%的部分，准予在以后纳税年度结转扣除。

例 1 清河公司 2013 年度工资薪金支出为 130 万元，分别提取了职工福利费 20 万元、工会经费 2.6 万元、职工教育经费 3 万元。计算该公司准予在所得税前扣除的三项经费支出的金额。

【解析】该公司实际支出的工资薪金总额是 130 万元，按所得税法规定准予扣除的三项经费支出的比例分别是 14%、2%、2.5%。

① 职工福利费支出。

扣除职工福利费的限额=130×14%=18.2（万元）

实际发生的职工福利费=20 万元

税法准予扣除的职工福利费=18.2（万元）

② 工会经费支出。

扣除工会经费的限额=130×2%=2.6（万元）

实际发生的工会经费=2.6（万元）

税法准予扣除的职工福利费=2.6（万元）

③ 职工教育经费支出。

扣除职工教育经费的限额=130×2.5%=3.25（万元）

实际发生的职工教育经费=3 万元

税法准予扣除的职工教育经费=3 万元

④ 借款费用。企业在生产经营活动中发生的合理的，不需要资本化的借款费用，准予扣除。

⑤ 利息支出。

- 非金融企业向金融企业借款的利息支出、金融企业的各项存款利息支出和同业拆借利息支出、企业经批准发行的债券利息支出。
- 非金融企业向非金融企业借款的利息支出中，不超过按金融企业同期同类贷款利率计算的数额的部分。

例 2 清河公司 2013 年度借款利息支出共 32 万元，其中向工商银行借款 200 万元，期限 1 年，银行借款利率为 10%，年度借款利息支出 20 万元；向飞腾公司（非金融企业）借款 100 万元，期限 1 年，借款合同约定利率为 12%，年度借款利息支出 12 万元。计算该公司准予在所得税前扣除的借款利息支出。

【解析】该公司发生的利息支出有两笔，其中向工商银行借款支出的利息准予据实扣除，向飞腾公司（非金融企业）借款支出的利息，只能扣除按金融企业同期同类贷款利率计算的数额的部分。

扣除向非金融机构借款的利息支出的限额=100×10%=10（万元）

实际发生的利息支出=32（万元）

税法准予扣除的利息支出=20+10=30（万元）

⑥ 汇兑损失。除计入资产成本、向投资者进行利润分配产生的汇兑损益外，企业实际发生的汇兑损失准予扣除。

⑦ 业务招待费。企业发生的与生产经营活动有关的业务招待费支出，按照发生额的 60%扣除，但最高不得超过当年销售（营业）收入的 5‰。

销售（营业）收入是指纳税人从事生产经营活动以及其他有关活动取得的各项收入，包括主营业务收入和其他业务收入。

例 3 清河公司 2013 年度实际发生业务招待费 5.6 万元，2013 年主营业务收入 1 200 万元，其他业务收入 320 万元。计算该公司准予在所得税前扣除的业务招待费。

【解析】该公司当年的营业收入包括主营业务收入和其他业务收入两项，合计 1 520 万元（1 200+320）。

根据营业收入计算的扣除业务招待费的限额=1 520×5‰=7.6（万元）

根据发生额计算的扣除业务招待费的限额=5.6×60%=3.36（万元）

实际发生的业务招待费=5.6（万元）

税法准予扣除的业务招待费=3.36（万元）

例 4 清河公司 2012 度实际发生业务招待费 9.2 万元，2012 年营业收入 1 080 万元。计算该公司准予在所得税前扣除的业务招待费。

【解析】

根据营业收入计算的扣除业务招待费的限额=1 080×5‰=5.4（万元）

根据发生额计算的扣除业务招待费的限额=9.2×60%=5.52（万元）

实际发生的业务招待费=9.2（万元）

税法准予扣除的业务招待费=5.4（万元）

⑧ 广告宣传费。企业发生的符合条件的广告费和业务宣传费支出，除国务院财政、税务主管部门另有规定外，不超过当年销售（营业）收入 15%的部分，准予扣除；超过部分，准予在以后纳税年度结转扣除。

例 5 清河公司 2013 年度实际广告宣传费 342 万元，2013 年主营业务收入 1 200 万元，其他业务收入 320 万元。计算该公司准予在所得税前扣除的广告宣传费。

【解析】该公司当年的营业收入包括主营业务收入和其他业务收入两项，合计 1 520 万元（1 200+320）。

扣除广告宣传费的限额=1 520×15%=228（万元）

实际发生的广告宣传费=342（万元）

税法准予扣除的广告宣传费=228（万元）

⑨ 专项资金。企业依照法律、行政法规有关规定提取的用于环境保护、生态恢复等方面的专项资金，准予扣除。上述专项资金提取后改变用途的，不得扣除。

⑩ 租入固定资产支付的租赁费。经营租赁方式租入固定资产发生的租赁费支出，按照租赁期限均匀扣除；以融资租赁方式租入固定资产发生的租赁费支出，按照规定构成融资租入固定资产价值的部分应当提取折旧费用，分期扣除。

⑪ 劳动保护支出。企业发生的合理的劳动保护支出，准予扣除。

⑫ 财产保险费。企业参加财产保险，按规定支付的保险费，准予扣除。

⑬ 公益性捐赠支出。企业发生的公益性捐赠支出，不超过会计年度利润总额 12%的部分，准予在计算应纳税所得额时扣除。

公益性捐赠是指企业通过公益性社会团体或者县级以上人民政府及其部门，用于《中华人民共和国公益事业捐赠法》规定的公益事业的捐赠。

例 6 清河公司 2013 年度公益性捐赠 23 万元，2013 年利润总额 162 万元。计算该公司准予在所得税前扣除的公益性捐赠支出。

【解析】

扣除公益性捐赠的限额=162×12%=19.44（万元）

实际发生的公益性捐赠=23（万元）

税法准予扣除的公益性捐赠=19.44（万元）

⑭ 其他项目

如会员费、合理的会议费、差旅费、违约金、诉讼费用等，准予扣除。

（5）允许弥补的以前年度亏损。企业纳税年度发生的亏损，准予结转到以后年度，用以弥补以后年度亏损，但结转年限最长不得超过 5 年。

纳税人本年度发生亏损，可由以后年度所得弥补，但结转年限最长不超过 5 年。弥补期从亏损年度后一年算起，连续5年内不论是盈利或亏损，都作为实际弥补年限计算。5年内又发生年度亏损应从亏损年度后一年起，先发生的亏损先进行弥补，顺序连续计算弥补亏损。

例7　清海公司2005~2012年所得额及亏损弥补情况如表4-1所示。

表4-1　　**清海公司2005~2012年所得额情况**　　单位：万元

年　度	2005	2006	2007	2008	2009	2010	2011	2012
亏损弥补前的所得额	–400	–100	280	70	–110	40	190	140
用于弥补以前年度亏损的数额			280	70		40	190	20
弥补亏损后所得额	–400	–500	–220	–150	–260	–220	–20	120
应纳税所得额	0	0	0	0	0	0	0	120

【解析】2005年度发生的亏损400万元，弥补期为2006~2010年，可依次用2007年、2008年、2010年的盈利弥补，共计弥补390万元，5年内不足弥补的10万元亏损部分不能延续用税前所得弥补。

2006年度发生的亏损为100万元，弥补期为2007~2011年，因2007年、2008年、2010年的盈利已经用于弥补2005年的亏损，因此只能按顺序用2011年的盈利弥补。

2009年度发生的亏损为110万元，弥补期为2010~2014年，因2010年的盈利已经用于弥补2005年的亏损，2011年盈利的190万元用于弥补2006年的亏损100万元和2009年的亏损90万元，所以，2009年剩余亏损20万元用2012年的盈利弥补。

2012年弥补2009年的亏损20万元以后，剩余120万元（140–20），因此应纳税所得额为120万元，以此为计税依据计算缴纳企业所得税。

（6）不得扣除的项目。在计算应纳税所得额时，以下项目不得扣除：

① 向投资者支付的股息、红利等权益性投资收益款项；

② 企业所得税税款；

③ 税收滞纳金；

④ 罚金、罚款和被没收财物的损失；

⑤ 公益性以外的捐赠支出；

⑥ 赞助支出，即企业发生的与生产经营活动无关的各种非广告性质支出；

⑦ 未经核定的准备金支出；

⑧ 企业对外投资的投资成本；

⑨ 企业之间支付的管理费，企业内营业机构之间支付的租金和特许权使用费，以及非银行企业内营业机构之间支付的利息；

⑩ 与取得收入无关的其他支出。

（7）加计扣除的项目。根据我国企业所得税的优惠政策，企业计算应纳税所得额时，以下项目可以加计扣除：

① 开发新技术、新产品、新工艺发生的研究开发费用，按照研究开发费用的50%加计

扣除；形成无形资产的，按照无形资产成本的150%摊销；

② 安置残疾人员及国家鼓励安置的其他就业人员支付的工资，按照支付给残疾职工工资的100%加计扣除。

例8 清河公司2013年度发生新产品研究开发费用支出23万元，聘请残疾职工工资支出2.8万元，上述两项支出均计入当年费用，经税务机关认定属于加计扣除项目。计算该公司加计扣除项目金额。

【解析】经认定的研究开发费用，可以按照费用的50%加计扣除，经认定安置残疾人员的工资支出，可以按照工资的100%扣除。

加计扣除项目金额=23×50%+2.8×100%=14.3（万元）

（8）资产的税务处理。企业的各项资产，包括固定资产、生物资产、无形资产、长期待摊费用、投资资产、存货等，以历史成本为计税基础。企业持有各项资产期间资产增值或者减值，除国务院财政、税务主管部门规定可以确认损益外，不得调整该资产的计税基础。各项资产的税务处理规定如下。

① 固定资产的扣除。固定资产按照直线法计算的折旧准予扣除。企业应当自固定资产投入使用月份的次月起计算折旧；停止使用的固定资产，应当自停止使用月份的次月起停止计算折旧。企业应当根据固定资产的性质和使用情况，合理确定固定资产的预计净残值。固定资产的预计净残值一经确定，不得变更。

固定资产计算折旧的最低年限如表4-2所示。

表4-2 企业所得税法规定的固定资产最低折旧年限

固定资产类别	最低折旧年限
房屋、建筑物	20
飞机、火车、轮船、机器、机械和其他生产设备	10
与生产经营活动有关的器具、工具、家具等	5
飞机、火车、轮船以外的运输工具	4

下列固定资产不得计算折旧扣除：房屋、建筑物以外未投入使用的固定资产；以经营租赁方式租入的固定资产；以融资租赁方式租出的固定资产；已足额提取折旧仍继续使用的固定资产；与经营活动无关的固定资产；单独估价作为固定资产入账的土地；其他不得计算折旧扣除的固定资产。

② 生产性生物资产的扣除。生产性生物资产按照直线法计算的折旧准予扣除。企业应当自生产性生物资产投入使用月份的次月起计算折旧；停止使用的生产性生物资产，应当自停止使用月份的次月起停止计算折旧。企业应当根据生产性生物资产的性质和使用情况，合理确定生产性生物资产的预计净残值。生产性生物资产的预计净残值一经确定，不得变更。

生产性生物资产计算折旧的最低年限规定：林木类生产性生物资产为10年；畜类生产性生物资产为3年。

③ 无形资产的扣除。无形资产按照直线法计算的摊销费用准予扣除。无形资产的摊销年限不得低于 10 年。作为投资或者受让的无形资产，有关法律规定或者合同约定了使用年限的，可以按照规定或者约定的使用年限分期摊销。外购商誉的支出在企业整体转让或者清算时，准予扣除。

下列无形资产不得计算摊销费用扣除：自行开发的支出已在计算应纳税所得额时扣除的无形资产；自创商誉；与经营活动无关的无形资产；其他不得计算摊销费用扣除的无形资产。

④ 长期待摊费用的扣除。已足额提取折旧的固定资产的改建支出，按照固定资产预计尚可使用年限分期摊销；租入固定资产的改建支出，按照合同约定的剩余租赁期限分期摊销；固定资产的大修理支出，按照固定资产尚可使用年限分期摊销；其他应当作为长期待摊费用的支出，自支出发生月份的次月起，分期摊销，摊销年限不得低于 3 年；企业使用或者销售存货，按照规定计算的存货成本，准予在计算应纳税所得额时扣除；企业转让资产，该项资产的净值，准予在计算应纳税所得额时扣除。

⑤ 投资资产的扣除。企业在转让或者处置投资资产时，投资资产的成本准予扣除。

⑥ 存货的扣除。企业使用或者销售的存货的成本计算方法，可以在先进先出法、加权平均法和个别计价法中选用一种。计价方法一经选用，不得随意变更。

例 9 清湖公司 2013 年有关收入、支出数据如表 4-3 所示，该公司 5 年内尚未弥补亏损 3.8 万元。计算该公司 2013 年度的应纳税所得额。

表 4-3　　清湖公司 2013 年收入、支出表　　金额单位：万元

项目	子 项 目	金额	对 应 科 目	说 明
收入	商品销售收入	1 050	主营业务收入	
	车队运输收入	90	其他业务收入	
	国债利息收入	2	投资收益	
	出售债券净收益	7	投资收益	
	没收押金	3	营业外收入	该项收入不含增值税
	存款利息收入	2.5	财务费用	
支出	商品销售成本	620	主营业务成本	
	车队运输成本	15	其他业务成本	
	销售费用	205	销售费用	其中广告费 175 万元，展览费 30 万元
	增值税	72	应交税金	
	营业税	3	营业税金及附加	
	城市维护建设税	5.25	营业税金及附加	
	教育费附加	2.25	营业税金及附加	
	所得税	7	所得税费用	
	印花税	3.4	管理费用	

续表

项目	子 项 目	金额	对 应 科 目	说 明
支出	车船税	2.6	管理费用	
	固定资产折旧	100	管理费用	折旧符合税法关于最低年限的规定
	工资	102	管理费用	
	社会保险费	21	管理费用	
	工会经费	2	管理费用	
	职工教育经费	3	管理费用	
	业务招待费	15	管理费用	
	借款利息	11	财务费用	其中银行借款利息 4.8 万元；向职工集资借款利息 6.2 万元，集资本金 100 万元，同期同类银行贷款利率为 5%
	赞助支出	5	营业外支出	
	税收滞纳金	1	营业外支出	
	购买办公设备	100	固定资产	

【解析】

（1）收入总额=1 050 + 90 + 2 + 7 + 3 + 2.5 = 1 154.5（万元）

（2）免税收入（国债利息收入）=2（万元）

（3）准予扣除项目金额。本例准予扣除项目包括：销售成本、运输成本、展览费、营业税、城建税、教育费附加、印花税、车船税、固定资产折旧、工资、社保费、银行借款利息；按规定在扣除标准内的广告费、工会经费、职工教育经费、业务招待费、向非金融机构借款的利息支出。

本例不允许扣除的项目包括：支付的增值税和所得税、赞助支出、税收滞纳金、购买办公设备支出；超出扣除标准的广告费、工会经费、职工教育经费、业务招待费、向非金融机构借款的利息支出。

有关项目准予扣除金额的计算如下。

① 广告费。

扣除广告费的限额=（1 050+90）×15%=171（万元）

实际发生的广告费=175（万元）

税法准予扣除的广告费=171（万元）

② 工会经费。

扣除工会经费的限额=102×2%=2.04（万元）

实际发生的工会经费=2（万元）

税法准予扣除的工会经费=2（万元）

③ 职工教育经费。

扣除职工教育经费的限额=102×2.5%=2.55（万元）

实际发生的职工教育经费=3（万元）

税法准予扣除的职工教育经费=2.55（万元）

④ 业务招待费。

按收入计算的扣除业务招待费的限额=（1 050+90）×5‰=5.7（万元）

按发生额计算的扣除业务招待费的限额=15×60%=9（万元）

实际发生的业务招待费=15（万元）

税法准予扣除的业务招待费=5.7（万元）

⑤ 向非金融机构借款支付的利息。

扣除向非金融机构借款的利息支出的限额=100×5%=5（万元）

实际发生的利息支出=6.2（万元）

税法准予扣除的利息支出=5（万元）

准予扣除项目金额合计=620+15+171+30+3+5.25+2.25+3.4+2.6+100+102+21+2+2.55+5.7+4.8+5 = 1 095.55（万元）

（4）5 年内尚未弥补的亏损 3.8 万元允许在所得税前扣除。

（5）2013 年应纳税所得额=1 154.5−2−1 095.55−3.8=53.15（万元）

6. 采用核定征收方式的应纳税所得额的计算

核定征收方式主要包括定额征收和核定应税所得率征收两种方法。

（1）定额征收是指税务机关按照一定的标准、程序和方法，直接核定纳税人应纳所得税额，由纳税人按规定进行纳税申报的办法。

（2）核定应税所得率征收是指税务机关按照一定的标准、程序和方法，预先核定纳税人的应税所得率，由纳税人根据收入总额或成本费用等项目的实际发生额，按预先核定的应税所得率计算缴纳所得税的办法。

我国规定的应税所得率如表 4-4 所示。

表 4-4　核定征收方式应税所得率表

经 营 行 业	应税所得率（%）
工业、交通运输业、商业	7~20
建筑业、房地产开发业	10~20
饮食服务业	10~25
娱乐业	10~25
其他行业	10~30

① 能准确核算（查实）收入总额，但不能准确核算（查实）成本费用的纳税人，应纳税所得额计算公式如下：

应纳税所得额=收入总额×应税所得率

② 能准确核算（查实）成本费用，但不能准确核算（查实）收入总额的纳税人，应纳税所得额计算公式如下：

$$应纳税所得额=\frac{成本费用支出总额}{1-应税所得率}\times 应税所得率$$

例 10 清溪公司采用核定应税所得率方式征收企业所得税，能准确核算收入总额，但不能准确核算成本费用，适用应税所得率为 20%。2013 年收入总额为 23 万元，计算该公司 2013 年度的应纳税所得额。

【解析】

应纳税所得额=23×20%=4.6（万元）

例 11 清流公司采用核定应税所得率方式征收企业所得税，能准确核算成本费用，但不能准确核算收入总额，适用应税所得率为 20%。2013 年成本费用为 17 万元，计算该公司 2013 年度的应纳税所得额。

【解析】

$$应纳税所得额=\frac{17}{1-20\%}\times 20\%=4.25（元）$$

7. 应纳所得税额的计算

应纳所得税额=应纳税所得额×适用税率–减免税额–抵免税额

公式中的减免税额和抵免税额是指依照《企业所得税法》和国务院的税收优惠规定减征、免征和抵免的应纳税额，例如，居民企业来源于我国境外的应税所得等。

8. 企业所得税的税收优惠

企业所得税对下列纳税人的所得实行税收优惠。

（1）纳税人下列所得，实行税收减、免措施。

① 从事农、林、牧、渔业项目的所得。

② 从事国家重点扶持的公共基础设施项目投资经营的所得。

③ 从事符合条件的环境保护、节能节水项目的所得。

④ 符合条件的技术转让所得。

⑤ 在我国境内未设立机构、场所的非居民企业来源于我国境内的所得。

⑥ 下列所得可以免征企业所得税：外国政府向我政府提供贷款取得的利息所得；国际金融组织向我国政府和居民企业提供优惠贷款取得的利息所得；经国务院批准的其他所得。

（2）符合条件的小型微利企业，减按 20%的税率征收企业所得税。

符合条件的小型微利企业是指从事国家非限制和禁止行业，并符合下列条件的企业：①工业企业，年度应纳税所得额不超过 30 万元，从业人数不超过 100 人，资产总额不超过 3 000 万元；②其他企业，年度应纳税所得额不超过 30 万元，从业人数不超过 80 人，资产总额不超过 1 000 万元。

（3）高新技术企业的税收优惠，国家需要重点扶持的高新技术企业，减按 15%的税率征收企业所得税。

（4）民族自治地方的税收优惠。

（5）企业所得税法规定的其他优惠项目。

9. 企业所得税的纳税时间和申报缴纳

（1）企业所得税的纳税时间。企业所得税按纳税年度计算。纳税年度自公历 1 月 1 日起至 12 月 31 日止。企业在一个纳税年度中间开业，或者终止经营活动，使该纳税年度的实际经营期不足十二个月的，应当以其实际经营期为一个纳税年度。企业依法清算时，应当以清算期间作为一个纳税年度。

（2）企业所得税的预缴。企业所得税分月或者分季预缴。企业应当自月份或者季度终了之日起 15 日内，向税务机关报送预缴企业所得税纳税申报表，预缴税款。

企业分月或分季预缴企业所得税时，应按月度或季度的实际利润额预缴。

企业在纳税年度内无论盈利或者亏损，都应依规定的期限，向税务机关报送预缴企业所得税纳税申报表、年度企业所得税纳税申报表、财务会计报告和税务机关规定应当报送的其他有关资料。

例 12 华远公司采用查账征收方式征收企业所得税。该公司 2013 年没有尚未弥补的以前年度亏损。2013 年各季度利润情况如表 4-5 所示，计算该公司一至三季度预缴的企业所得税。

表 4-5　　华远公司 2013 年各季度利润情况　　金额单位：万元

季　度	一	二	三	四
季度利润总额	45	–32	38	44
累计利润总额	45	13	51	95

【解析】2013 年以前没有尚未弥补的以前年度亏损，2013 年按季度实际利润额预缴企业所得税，无须弥补以前年度亏损。

第一季度应预缴企业所得税=45×25%=11.25（万元）

第二季度应预缴企业所得税=13×25%=3.25（万元）

因为第一季度已经预缴企业所得税 11.25 万元，大于第二季度应预缴的企业所得税，因此第二季度预缴企业所得税为 0 元。

第三季度应预缴企业所得税=51×25%–11.25=1.5（万元）

第四季度应预缴企业所得税=95×25%–12.75=11（万元）

（3）企业所得税的申报缴纳。企业应自年度终了之日起 5 个月内，向税务机关报送年度企业所得税纳税申报表，并汇算清缴，结清应缴应退税款。企业在报送企业所得税纳税申报表时，应按规定附送财务会计报告和其他有关资料。

例 13 华远公司 2013 年一至四季度预缴企业所得税总额为 23.75 万元，2013 年申报应纳税所得额 101 万元，计算该公司 2013 年应纳企业所得税额、应补（退）企业所得税额。

【解析】

2013 年应纳企业所得税额=101×25%=25.25（万元）

2013 年应补交的企业所得税额=25.25–23.75=1.5（万元）

知识拓展

采用核定征收方式征收所得税的企业，分月或分季预缴企业所得税，年终汇算清缴的计算如例 15 所示。

例 14 清溪公司采用核定征收方式征收企业所得税，能准确核算收入总额，但不能准确核算成本费用，适用应税所得率为 20%。2013 年该公司应税收入 23 万元，已经预缴企业所得税 1.02 万元。计算该公司 2013 年应纳税所得额、企业所得税额、应补（退）企业所得税额。

2013 年应纳税所得额=23×20%=4.6（万元）

2013 年应纳企业所得税额=4.6×25%=1.15（万元）

2013 年应补交的企业所得税额=1.15−1.02=0.13（万元）

10. 企业所得税业务核算应设置的账户

企业设置“应缴税费——应缴企业所得税”、“所得税费用”账户核算企业所得税业务。“所得税费用”是损益类账户，其结构如图 4-2 所示。

借　　　　所得税费用　　　　贷

借方	贷方
登记计提的所得税费用	登记期末结转“本年利润”的所得税费用

图 4-2 “所得税费用”账户结构

任务1　企业所得税业务核算

任务描述

滨海市百里香酒业有限公司采用查账征收方式征收企业所得税，企业所得税按月预提，按季度预缴，2013 年 4 月“应缴税费——应缴所得税”账户期初贷方余额为 401 005 元，4 月发生以下企业所得税业务，进行会计业务处理。

【业务 1】5 日，根据 1 月、2 月、3 月利润情况（见表 4-6），预提 3 月份应缴所得税。

表 4-6　　百里香酒业有限公司 2013 年 1~3 月利润　　金额单位：元

时　　间	当月利润总额	累计利润	已预提企业所得税
1 月	780 240	780 240	195 060
2 月	823 780	1 604 020	401 005
3 月	764 980	2 369 000	

【业务 2】10 日，预缴第一季度企业所得税 592 250 元，收到银行转来的电子缴税回单（略）。

【业务 3】30 日，结转所得税费用。

任务指导

该公司按下列步骤进行企业所得税业务会计处理。

【步骤 1】核算预提企业所得税业务。

企业所得税根据实际利润进行预提，【业务 1】中根据 2013 年 1~3 月利润总额，填写企业所得税计算表（见表 4-7），编制记账凭证，如表 4-8 所示。

表 4-7　企业所得税计算表

税款所属期：2013 年 3 月　　金额单位：元

项　目	金　额
累计实际利润	2 369 000
应纳企业所得税额	592 250
已预提企业所得税	401 005
应预提企业所得税	191 245

复核：夏添　　制表：冯东灵

表 4-8　简易记账凭证

日期	凭证		摘　要	会 计 分 录			附件
	字	号					
5 日		略	预提企业所得税	借：所得税费用 贷：应缴税费——应缴企业所得税	191 245	 191 245	1

【步骤 2】核算预缴企业所得税业务。

该公司进行企业所得税预缴申报后，税务机关审核后直接从其纳税账户中扣除所得税款。该公司根据银行转来的电子缴税回单进行会计业务处理。【业务 2】中会计编制记账凭证如表 4-9 所示。

表 4-9　简易记账凭证

日期	凭证		摘　要	会 计 分 录			附件
	字	号					
10 日		略	缴纳企业所得税	借：应缴税费——应缴企业所得税 贷：银行存款	191 245	 191 245	1

【步骤 3】结转所得税费用。

月末，该公司将计提的所得税费用结转到“本年利润”账户。【业务 3】中该公司编制的记账凭证如表 4-10 所示。

表 4-10 简易记账凭证

日期	凭证		摘　要	会 计 分 录	附件
	字	号			
30 日		略	缴纳企业所得税	借：本年利润　191 245 　贷：所得税费用　191 245	

任务2　企业所得税预缴申报（查账征收方式）

任务描述

滨海市百里香酒业有限公司根据 2013 年一至三季度的利润表（见表 4-11），进行第三季度企业所得税申报和预缴。该公司 2013 年没有尚未弥补的以前年度亏损，第一、第二季度已预缴企业所得税 1 327 500 元。

表 4-11 百里香酒业有限公司 2013 年一至三季度利润表 单位：元

行次	项　目	第三季度	第一至三季度累计
1	一、营业收入	8 800 000	26 300 000
2	减：营业成本	4 200 000	12 700 000
3	营业税金及附加	310 000	910 000
4	销售费用	560 000	1 660 000
5	管理费用	1 000 000	2 800 000
6	财务费用	120 000	320 000
7	资产减值损失		
8	加：公允价值变动收益		
9	投资收益	20 000	40 000
10	二、营业利润	2 630 000	7 950 000
11	加：营业外收入		30 000
12	减：营业外支出	10 000	50 000
13	三、利润总额	2 620 000	7 930 000

任务指导

该公司按下列步骤进行企业所得税季度申报和预缴。

【步骤 1】填写企业所得税预缴纳税申报表。

根据一至三季度的利润表，按实际利润额计算该公司第三季度应纳企业所得税额，填写企业所得税预缴纳税申报表，如表 4-12 所示。

第三季度应预缴企业所得税=7 930 000×25%=1 982 500（元）

第三季度应补缴企业所得税=1 982 500−1 327 500=655 000（元）

表 4-12　企业所得税月（季）度预缴纳税申报表（A 类）

税款所属期间：2013 年 07 月 01 日 至 2013 年 09 月 30 日			
纳税人识别号：340104330663123			
纳税人名称：滨海市百里香酒业有限公司		金额单位：人民币元（列至角分）	
行次	项　　目	本期金额	累计金额
1	一、按照实际利润额预缴		
2	营业收入	8 800 000	26 300 000
3	营业成本	4 200 000	12 700 000
4	利润总额	2 620 000	7 930 000
5	加：特定业务计算的应纳税所得额		
6	减：不征税收入		
7	免税收入		
8	弥补以前年度亏损		
9	实际利润额（4 行+5 行−6 行−7 行−8 行）	2 620 000	7 930 000
10	税率（25%）	25%	25%
11	应纳所得税额		1 982 500
12	减：减免所得税额		
13	减：实际已预缴所得税额	—	1 327 500
14	减：特定业务预缴（征）所得税额		
15	应补（退）所得税额（11 行−12 行−13 行−14 行）	—	
16	减：以前年度多缴在本期抵缴所得税额		
17	本期实际应补（退）所得税额	—	655 000
18	二、按照上一纳税年度应纳税所得额平均额预缴		
19	上一纳税年度应纳税所得额	—	
20	本月（季）应纳税所得额（19 行×1/4 或 1/12）		
21	税率（25%）		
22	本月（季）应纳所得税额（20 行×21 行）		
23	三、按照税务机关确定的其他方法预缴		
24	本月（季）确定预缴的所得税额		

续表

行次	项目		本期金额	累计金额
25	总分机构纳税人			
26	总机构	总机构应分摊所得税额（15 行或 22 行或 24 行×总机构应分摊预缴比例）		
27		财政集中分配所得税额		
28		分支机构应分摊所得税额(15 行或 22 行或 24 行×分支机构应分摊比例）		
29		其中：总机构独立生产经营部门应分摊所得税额		
30		总机构已撤销分支机构应分摊所得税额		
31	分支机构	分配比例		
32		分配所得税额		

谨声明：此纳税申报表是根据《中华人民共和国企业所得税法》、《中华人民共和国企业所得税法实施条例》和国家有关税收规定填报的，是真实的、可靠的、完整的。

法定代表人（签字）：顾明伟　　2013 年 10 月 8 日

纳税人公章：（滨海市百里香酒业有限公司）	代理申报中介机构公章：	主管税务机关受理专用章：
	经办人：	
会计主管：夏 添	经办人执业证件号码：	受理人：
填表日期：2013 年 10 月 8 日	代理申报日期：　　年　月　日	受理日期：　　年　月　日

【**步骤 2**】纳税申报。

纳税人可选择网上申报或上门申报方式进行纳税申报。各地税务机关对申报表提交的方式要求不尽相同，下面介绍通过网上报税系统提交纳税申报资料的操作过程。

（1）纳税人登录税务机关网站的“网上办税大厅”后，选择“纳税申报”菜单，在“纳税申报”页面（见图 4-3）选择“企业所得税月（季）申报表”进行纳税申报。

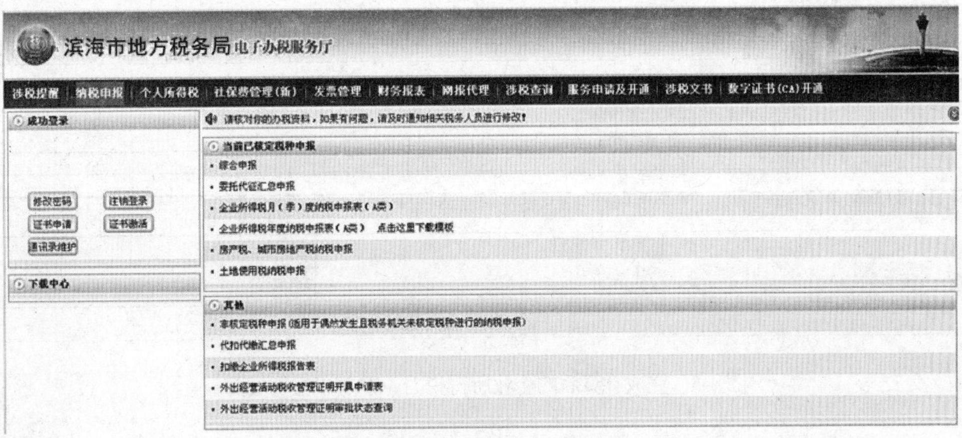

图 4-3　纳税申报页面

（2）在“企业所得税预缴纳税申报表”页面（见图 4-4），输入数据。网上的申报表与纸质申报表填写规则基本一致，纳税人在“累计金额”栏目内输入 2013 年一至三季度累计金额的数据。

中华人民共和国
企业所得税月(季)度预缴申报(A类)

税费所属时期：2014-01-01 至 2014-03-31　　申报日期 ：2014-04-14　　申报流水号 ：2014040643066352
税务登记号 ：440106070184159　　纳税人编码 ：4401060100607　　管理机关 ： 滨海市地方税务局
正常申报□ 自查补报□ 被查补报□ 延期申报预缴□　　纳税人分类号 ：　　计算单位 ：元（列至角分）・平方米・本・份・吨

行次	项目	累计金额
1	一、按照实际利润额预缴	
2	营业收入	113821.76
3	营业成本	144077.45
4	利润总额	-30255.69
5	加：特定业务计算的应纳税所得额	0.00
6	减：不征税收入	0.00
7	免税收入	0.00
8	弥补以前年度亏损	0.00
9	实际利润额（4行+5行-6行-7行-8行）	-30255.69
10	税率 (25%)	0.00
11	应纳所得税额	0.00
12	减：减免所得税额	0.00
13	减：实际已预缴所得税额	0.00
14	减：特定业务预缴（征）所得税额	0.00
15	应补（退）所得税额（11行-12行-13行-14行）	0.00
16	减：以前年度多缴在本期抵缴所得税额	0.00
17	本期实际应补（退）所得税额	0.00
18	二、按上一纳税年度应纳税所得额平均额预缴	
19	上一纳税年度应纳税所得额	0.00
20	本月（季）应纳税所得额（19行×1/4或1/12）	0.00
21	税率 (25%)	0.00

图 4-4　企业所得税月（季）申报表页面

需要注意的是，纳税人只须在第 1 行“利润总额”、第 2 行“纳税调整增加额”、第 3 行“纳税调整减少额”、第 4 行“弥补以前年度亏损”、第 9 行“汇总纳税成员企业就地预缴比例”输入数据，其余各行不可填写。当数据输入后，单击申报表下面的“计税”按钮，系统自动计算生成数据。完成计税后的企业所得税季度申报表如图 4-5 所示。

行次		项目	累计金额
22	本月（季）应纳所得税额（20行×21行）		0.00
23	三、按照税务机关确定的其他方法预缴		
24	本月（季）确定预缴的所得税额		0.00
25	总分机构纳税人		
26	总机构	总机构应分摊所得税额（15行或22行或24行×总机构应分摊预缴比例）	0.00
27		财政集中分配所得税额	0.00
28		分支机构应分摊所得税额 (15行或22行或24行×分支机构应分摊比例)	0.00
29		其中：总机构独立生产经营部门应分摊所得税额	0.00
30		总机构已撤销分支机构应分摊所得税额	0.00
31	分支机构	分配比例	0.00
32		分配所得税额	0.00

谨声明：此纳税申报表是根据《中华人民共和国企业所得税法》、《中华人民共和国企业所得税法实施条例》和国家有关税收规定填报的，是真实的、可靠的、完整的。		法定代表人（签字） 年　月　日
纳税人公章： 会计主管： 填表日期：　年　月　日	代理申报中介机构公章： 经办人： 经办人执业证件号码： 代理申报日期：　年　月　日	主管税务机关受理专用章： 受理人： 受理日期：　年　月　日

打 印　关 闭

图 4-5　完成计算后的企业所得税月（季）申报表页面

单击申报表页面下的“提交”按钮，提交申报数据。系统将出现申报成功的提示信息，如图 4-6 所示。

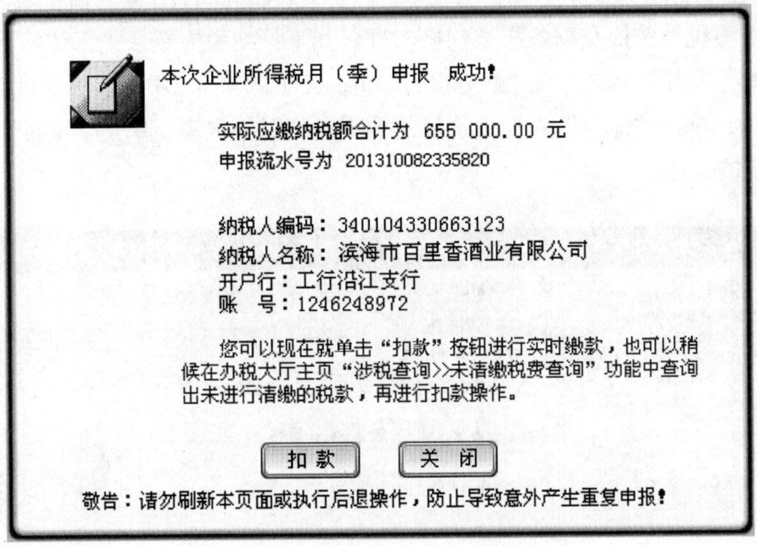

图 4-6　纳税申报成功的提示信息

【步骤 3】缴税。

缴纳税款前，纳税人必须确认其银行账户有足够的存款。

采用上门申报、提交纸质纳税申报资料的，税务机关审核纳税申报资料正确无误后，从纳税人的银行账户扣除税款。

通过网上报税系统申报的，纳税人在“纳税申报成功”页面，单击“扣款”按钮，即可完成缴税。系统将出现扣款成功的提示信息，如图 4-7 所示。

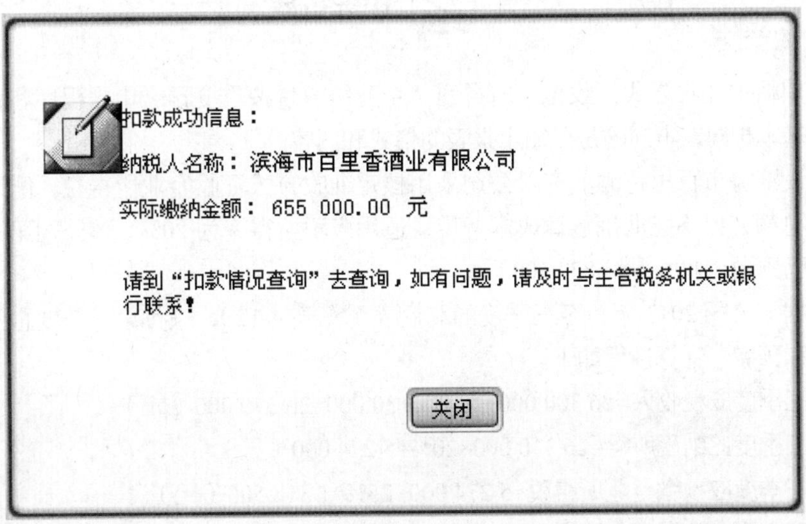

图 4-7　扣款成功的提示信息

【步骤 4】报送财务报表。

根据我国所得税制度规定，纳税人进行企业所得税申报时，除了向税务机关提交企业所得税申报表外，还要提交财务会计报表（资产负债表、利润表、现金流量表）。

通过网上报税系统提交财务报表的操作过程如下：纳税人登录进入“网上办税大厅”后，选择“财务报表”菜单。在“财务报表”页面（见图 4-8）中分别选择对应的报表所属期、报表类型；单击“浏览”按钮，选择需要报送的财务报表；单击“上传”按钮，即可完成财务报表的报送。

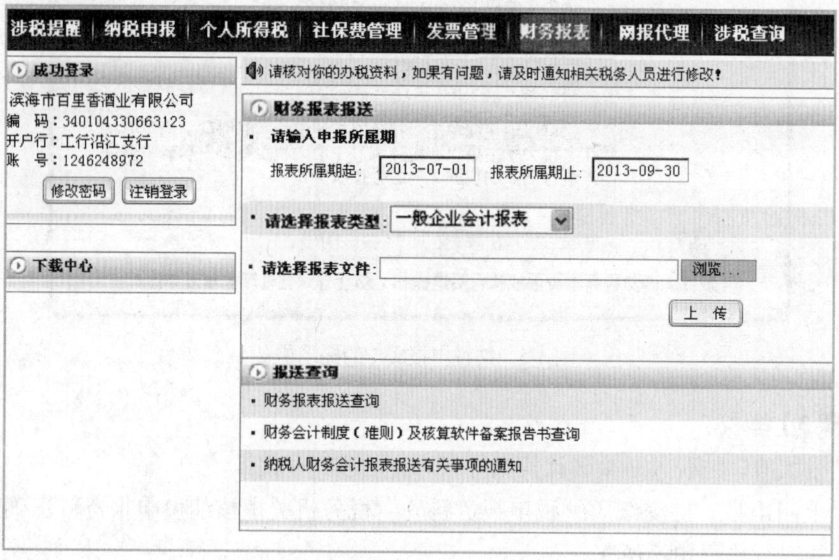

图 4-8　财务报表报送页面

任务拓展

采用核定征收方式征收企业所得税，企业所得税按季度预缴申报程序和查账征收方式基本相同，不同的是预缴申报表的格式和内容。

假设滨海市百里香酒业有限公司采用核定征收方式征收企业所得税，能准确核算收入总额，但不能准确核算成本费用，适用应税所得率为 20%。该公司第一、第二季度已预缴企业所得税 877 500 元。

根据该公司 2013 年一至三季度的利润表（见表 4-12），进行第三季度企业所得税申报和预缴。计算过程如下。

第三季度应税收入=26 300 000+40 000+30 000=26 370 000（元）

第三季度应纳税所得=26 370 000×20%=5 274 000（元）

第三季度应预缴企业所得税=5 274 000×25%=1 318 500（元）

第三季度应补缴企业所得税=1 318 500−877 500=441 000（元）

填写预缴纳税申报表如表 4-13 所示。

表 4-13　　　　企业所得税月（季）度预缴纳税申报表（B 类）

税款所属期间：2013 年 07 月 01 日 至 2013 年 09 月 30 日

纳税人识别号：340104330663123

纳税人名称：滨海市百里香酒业有限公司　　　　金额单位：人民币元（列至角分）

税款所属期间：2013 年 07 月 01 日 至 2013 年 09 月 30 日

项　　目			行次	累计金额
应纳税所得额的计算	按收入总额核定应纳税所得额	收入总额	1	26 370 000
		税务机关核定的应税所得率（%）	2	20%
		应纳税所得额（1 行×2 行）	3	5 274 000
	按成本费用核定应纳税所得额	成本费用总额	4	—
		税务机关核定的应税所得率（%）	5	—
		应纳税所得额[4 行÷（1–5 行）×5 行]	6	—
	按经费支出换算应纳税所得额	经费支出总额	7	—
		税务机关核定的应税所得率（%）	8	—
		换算的收入额[7 行÷（1–8 行）]	9	—
		应纳税所得额（8 行×9 行）	10	—
应纳所得税额的计算		税率（25%）	11	25%
		应纳所得税额（3 行×11 行或 6 行×11 行或 10 行×11 行）	12	1 318 500
		减免所得税额	13	
应补（退）所得税额的计算		已预缴所得税额	14	877 500
		应补（退）所得税额（12 行–13 行–14 行）	15	441 000

谨声明：此纳税申报表是根据《中华人民共和国企业所得税法》、《中华人民共和国企业所得税法实施条例》和国家有关税收规定填报的，是真实的、可靠的、完整的。

法定代表人（签字）：顾明伟　　　　2013 年 10 月 8 日

纳税人公章：	代理申报中介机构公章：	主管税务机关受理专用章：
会计主管：夏添	经办人：	
	经办人执业证件号码：	受理人：
填表日期：2013 年 10 月 8 日	代理申报日期：　年　月　日	受理日期：　年　月　日

采用核定征收方式征收企业所得税的纳税人进行预缴申报时，需要向税务机关提交纳税申报表和财务报表，纳税申报的要求和程序与采用查账征收方式征税的纳税人相同，缴税的方式也相同，此处不再重复。

任务3　企业所得税年度申报和汇算清缴

任务描述

2014年2月10日，滨海市百里香酒业有限公司根据2013年利润表（见表4-14），申报和缴纳2013年企业所得税。

表4-14　　百里香酒业有限公司2013年利润表

行　次	项　　目	年度累计
1	一、营业收入	35 330 000
2	减：营业成本	16 810 000
3	营业税金及附加	1 260 000
4	销售费用	2 260 000
5	管理费用	4 000 000
6	财务费用	610 000
7	资产减值损失	
8	加：公允价值变动收益	
9	投资收益	80 000
10	二、营业利润	10 470 000
11	加：营业外收入	50 000
12	减：营业外支出	60 000
13	三、利润总额	10 460 000

经审核，该公司发生以下纳税调整事项。

（1）本年度实际工资支出 2 730 000 元，工会经费支出 54 600 元，职工教育经费支出18 000元，社会保险费支出491 000元。

（2）销售费用中实际发生广告费1 250 000元。

（3）管理费用中实际发生业务招待费支出220 000元。

（4）营业外支出中实际发生税收滞纳金支出28 000元。

（5）投资收益中收到国债利息收入30 000元。

（6）2013 年没有尚未弥补亏损；没有以前年度累计结转的广告费和业务宣传费；没有以前年度累计结转的职工教育经费支出；固定资产折旧和无形资产摊销符合税法规定。

（7）2013年已预缴企业所得税2 615 000元。

任务指导

该公司按下列步骤进行企业所得税年度申报和汇算清缴。

【步骤1】计算应纳企业所得税税额。

根据2013年利润表“本年利润”和纳税调整事项，需要做纳税调整的项目如下。

（1）调增项目主要包括：①税收滞纳金、罚金、罚款、被没收财物的损失、公益性以外的捐赠、赞助支出、未经核定的准备金支出。这些支出在企业财务会计制度中计入当期损益，但按《税法》规定不得从所得税前扣除；②超过《税法》规定扣除标准的职工福利费、工会经费、职工教育经费、业务招待费、广告宣传费、向非金融机构借款的利息支出、公益性捐赠等。这些支出在企业财务会计制度中计入当期损益，但税法只能扣除按一定标准计算金额，超过扣除限额的部分不得扣除；③没有计入会计利润的视同销售的收入等。

（2）调减项目主要包括：①不征税收入、免税收入，如国债利息收入、投资居民企业取得的股息或红利等投资收益。这些收入在企业财务会计制度中计入当期损益，但按《税法》规定无需缴纳所得税；②允许弥补的以前年度亏损；③经税务机关确定，允许加计扣除的税收优惠项目等。

计算该公司2013年度纳税调整金额、应纳税所得额、应纳所得税额。

1. 计算纳税调整金额。

（1）工资支出、工会经费支出、职工教育经费支出、社会保险费支出。

① 工资支出、社会保险费支出按实际发生额扣除。

② 工会经费支出：

扣除工会经费的限额=2 730 000×2%=54 600（元）

实际发生的工会经费=54 600（元）

没有超出扣除标准

③ 职工教育经费支出：

扣除职工教育经费的限额=2 730 000×2.5%=68 250（元）

实际发生的职工教育经费=18 000（元）

没有超出扣除标准

（2）广告费。

扣除广告费的限额=35 330 000×15%=5 299 500（元）

实际发生的广告费=1 250 000（元）

没有超出扣除标准

（3）业务招待费。

按收入计算的扣除业务招待费的限额=35 330 000×5‰=176 650（元）

按发生额计算的扣除业务招待费的限额=220 000 × 60%=132 000（元）

实际发生的业务招待费=220 000（元）

超出扣除标准的业务招待费=220 000–132 000=88 000（元）

所得额调整增加 88 000 元。

（4）税收滞纳金支出 28 000 元，不允许税前扣除，所得额调整增加 28 000 元。

（5）投资收益中收到国债利息收入 30 000 元，属于免税收入项目，所得额调整减少 30 000 元。

纳税调整增加额=88 000+28 000=116 000（元）

纳税调整减少额=30 000（元）

2. 计算应纳税所得额

应纳税所得额=会计利润+纳税调整增加额–纳税调整减少额

=10 460 000+116 000–30 000=10 546 000（元）

3. 计算应纳所得税额

应纳所得税额=应纳税所得额×适用所得税税率

=10 546 000×25%=2 636 500（元）

应补交的所得税额=2 636 500–2 615 000=21 500（元）

【步骤 2】填写企业所得税年度纳税申报表。

纳税人采用查账征收方式征收企业所得税的，进行年度申报时，需要填写纳税申报表主表及附表，具体包括以下内容：

主表：中华人民共和国企业所得税年度纳税申报表（A 类）；

附表一：收入明细表；

附表二：成本费用明细表；

附表三：纳税调整项目明细表；

附表四：企业所得税弥补亏损明细表；

附表五：税收优惠明细表；

附表六：境外所得税抵免计算明细表；

附表七：以公允价值计量资产纳税调整表；

附表八：广告费和业务宣传费跨年度纳税调整表；

附表九：资产折旧、摊销纳税调整明细表；

附表十：资产减值准备项目调整明细表；

附表十一：长期股权投资所得（损失）明细表；

附表十二：企业所得税其他优惠明细表；

附表十三：职工教育经费支出跨年度纳税调整表；

附表十四：职工福利费支出纳税调整表。

主表和附表之间存在对应勾稽关系，应先填写附表，然后再填主表。以下是附表三（见表 4-15）和主表（见表 4-16）的填写情况。

企业所得税年度纳税申报表附表三

表 4-15　　　　纳税调整项目明细表

填报时间：2014 年 02 月 10 日　　　　金额单位：元（列至角分）

行次	项　　目	账载金额	税收金额	调增金额	调减金额
		1	2	3	4
1	一、收入类调整项目	*	*		
2	1. 视同销售收入（填写附表一）	*	*		*
3	2. 接受捐赠收入	*			*
4	3. 不符合税收规定的销售折扣和折让				*
5	4. 未按权责发生制原则确认的收入				
6	5. 按权益法核算长期股权投资对初始投资成本调整确认收益	*	*	*	
7	6. 按权益法核算的长期股权投资持有期间的投资损益	*	*		
8	7. 特殊重组				
9	8. 一般重组				
10	9. 公允价值变动净收益（填写附表七）	*	*		
11	10. 确认为递延收益的政府补助				
12	11. 境外应税所得（填写附表六）	*	*	*	
13	12. 不允许扣除的境外投资损失	*	*		*
14	13. 不征税收入（填写附表一[3]）	*	*	*	
15	14. 免税收入（填写附表五）	*	*	*	30 000
16	15. 减计收入（填写附表五）	*	*	*	
17	16. 减、免税项目所得（填写附表五）	*	*	*	
18	17. 抵扣应纳税所得额（填写附表五）	*	*	*	
19	18. 其他				
20	二、扣除类调整项目	*	*		
21	1. 视同销售成本（填写附表二）	*	*	*	
22	2. 工资薪金支出	2 730 000	2 730 000		
23	3. 职工福利费支出				
24	4. 职工教育经费支出	18 000	18 000		
25	5. 工会经费支出	54 600	54 600		

续表

行次	项目	账载金额	税收金额	调增金额	调减金额
		1	2	3	4
26	6. 业务招待费支出	220 000	132 000	88 000	*
27	7. 广告费和业务宣传费支出（填写附表八）	1 250 000	1 250 000		
28	8. 捐赠支出				*
29	9. 利息支出				*
30	10. 住房公积金				*
31	11. 罚金、罚款和被没收财物的损失		*		*
32	12. 税收滞纳金	28 000	*	28 000	*
33	13. 赞助支出		*		*
34	14. 各类基本社会保障性缴款	491 000	491 000		
35	15. 补充养老保险、补充医疗保险				
36	16. 与未实现融资收益相关在当期确认的财务费用				
37	17. 与取得收入无关的支出		*		*
38	18. 不征税收入用于支出所形成的费用		*		*
39	19. 加计扣除（填写附表五）	*	*	*	
40	20. 其他				
41	三、资产类调整项目	*	*		
42	1. 财产损失				
43	2. 固定资产折旧（填写附表九）	*	*		
44	3. 生产性生物资产折旧（填写附表九）	*	*		
45	4. 长期待摊费用的摊销（填写附表九）	*	*		
46	5. 无形资产摊销（填写附表九）	*	*		
47	6. 投资转让、处置所得（填写附表十一）		*		
48	7.油气勘探投资（填写附表九）	*			
49	8.油气开发投资（填写附表九）				
50	9. 其他				
51	四、准备金调整项目（填写附表十）	*	*		
52	五、房地产企业预售收入计算的预计利润	*	*		
53	六、特别纳税调整应税所得	*	*		*
54	七、其他	*	*		
55	合　计	*	*	116 000	30 000

经办人（签章）：夏添　　　　法定代表人（签章）：顾明伟

表 4-16　　　　企业所得税年度纳税申报表（A 类）

税款所属期间：2013 年 01 月 01 日 至 2013 年 12 月 31 日

纳税人名称：滨海市百里香酒业有限公司

纳税人识别号：340104330663123　　　　金额单位：元（列至角分）

类别	行次	项目	金额
利润总额计算	1	一、营业收入（填写附表一）	35 330 000
	2	减：营业成本（填写附表二）	16 810 000
	3	营业税金及附加	1 260 000
	4	销售费用（填写附表二）	2 260 000
	5	管理费用（填写附表二）	4 000 000
	6	财务费用（填写附表二）	610 000
	7	资产减值损失	
	8	加：公允价值变动收益	
	9	投资收益	80 000
	10	二、营业利润	10 470 000
	11	加：营业外收入（填写附表一）	50 000
	12	减：营业外支出（填写附表二）	60 000
	13	三、利润总额（10＋11－12）	10 460 000
应纳税所得额计算	14	加：纳税调整增加额（填写附表三）	116 000
	15	减：纳税调整减少额（填写附表三）	30 000
	16	其中：不征税收入	
	17	免税收入	30 000
	18	减计收入	
	19	减、免税项目所得	
	20	加计扣除	
	21	抵扣应纳税所得额	
	22	加：境外应税所得弥补境内亏损	
	23	纳税调整后所得（13＋14－15＋22）	10 546 000

续表

类别	行次	项目	金额
应纳税所得额计算	24	减：弥补以前年度亏损（填写附表四）	
	25	应纳税所得额（23－24）	10 546 000
应纳税额计算	26	税率（25%）	25%
	27	应纳所得税额（25×26）	2 636 500
	28	减：减免所得税额（填写附表五）	
	29	减：抵免所得税额（填写附表五）	
	30	应纳税额（27－28－29）	2 636 500
	31	加：境外所得应纳所得税额（填写附表六）	
	32	减：境外所得抵免所得税额（填写附表六）	
	33	实际应纳所得税额（30＋31－32）	2 636 500
	34	减：本年累计实际已预缴的所得税额	2 615 000
	35	其中：汇总纳税的总机构分摊预缴的税额	
	36	汇总纳税的总机构财政调库预缴的税额	
	37	汇总纳税的总机构所属分支机构分摊的预缴税额	
	38	合并纳税（母子体制）成员企业就地预缴比例	
	39	合并纳税企业就地预缴的所得税额	
	40	本年应补（退）的所得税额（33－34）	21 500
附列资料	41	以前年度多缴的所得税额在本年抵减额	
	42	以前年度应缴未缴在本年入库所得税额	

纳税人公章：	代理申报中介机构公章：	主管税务机关受理专用章：
经办人：夏 添	经办人及执业证件号码：	受理人：
申报日期：2014 年 2 月 10 日	代理申报日期： 年 月 日	受理日期： 年 月 日

【**步骤 3**】纳税申报。

办理企业所得税年度申报时，纳税人要向税务机关提交企业所得税年度纳税申报表和财务报表。各地税务机关对申报表提交的方式要求不尽相同，下面介绍通过网上报税系统提交纳税申报资料的操作过程。

（1）纳税人按照税务机关指定的文件格式要求，填写企业所得税年度纳税申报表及附表的电子表格。

（2）纳税人登录税务机关网站的“网上办税大厅”后，选择“纳税申报”菜单，在“纳税申报”（见图4-9）页面选择“企业所得税年度纳税申报表”进行纳税申报。

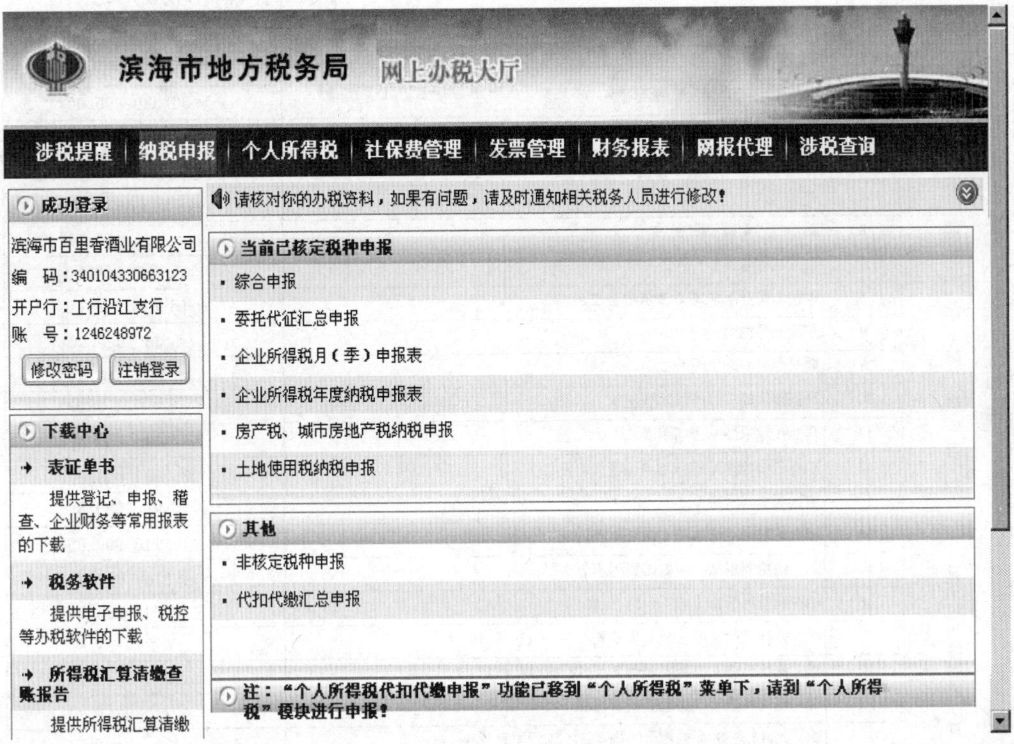

图4-9　纳税申报页面

（3）选择“企业所得税年度纳税申报表”后，系统出现“导入申报文件”页面（见图4-10），纳税人上传指定格式的纳税申报电子表格。

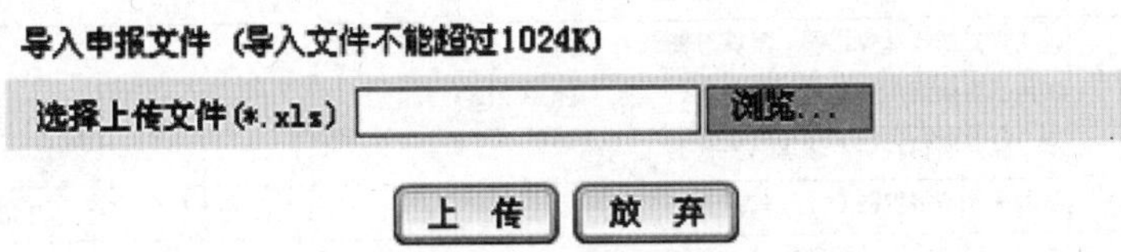

图4-10　导入申报文件页面

（4）申报表导入成功后，系统出现纳税申报主表页面，如图4-11所示，纳税人核对申报表数据无误后，单击申报表下面的“计税”按钮，系统重新自动计算税额。

（5）系统重新自动计算税额后，在申报表下面出现“上一步”、“提交”、“放弃”按钮，如图4-12所示，纳税人仔细核对税额，如有错误，单击“上一步”按钮重新上传正确的申报文件，税额核对无误后，单击“提交”按钮。

企业所得税年度纳税申报表

纳税人编码 ：340104330663123　　纳税人名称：滨海市百里香酒业有限公司　申报日期 ：2014-02-10

纳税年度：自 2013-01-01　至　2013-12-31　　管理机关 ：滨海市地方税务局

金额单位：元（列至角分）

	行次	项目	金额
收入总额	1	销售（营业）收入（请填附表一）	35 330 000.00
	2	投资收益（请填附表三）	80 000.00
	3	投资转让净收入（请填附表三）	0.00
	4	补贴收入	0.00
	5	其他收入（请填附表一）	50 000.00
	6	收入总额合计（1 + 2 + 3 + 4 + 5）	35 460 000.00
扣除项目	7	销售（营业）成本（请填附表二）	16 810 000.00
	8	主营业务税金及附加	1 260 000.00
	9	期间费用（请填附表二）	6 870 000.00
	10	投资转让成本（请填附表三）	0.00
	11	其他扣除项目（请填附表二）	60 000.00
	12	扣除项目合计（ 7 + 8 + 9 + 10 + 11）	25 000 000.00
应纳税所得额的计算	13	纳税调整前所得（ 6 - 12 ）	10 460 000.00
	14	加：纳税调整增加额（请填附表四）	116 000.00
	15	减：纳税调整减少额（请填附表五）	30 000.00
	16	纳税调整后所得（ 13 + 14 - 15 ）	10 546 000.00
	17	减：弥补以前年度亏损（填附表六）（ 17 ≤ 16 ）	0.00
	18	减：免税所得（请填附表七）（ 18 ≤ 16 - 17 ）	0.00
	19	加：应补税投资收益已缴所得税额	0.00
	20	减：允许扣除的公益救济性捐赠额（请填附表八）	0.00
	21	减：加计扣除额（请填附表九）（ 21 ≤ 16 - 17 - 18 + 19 - 20 ）	0.00
	22	应纳税所得额（ 16 - 17 - 18 + 19 - 20 - 21 ）	10 546 000.00
应纳所得税额的计算	23	适用税率	0.25
	24	境内所得应纳所得税额（ 22×23 ）	2 636 500.00
	25	减：境内投资所得抵免税额	0.00
	26	加：境外所得应纳所得税额（请填附表十）	0.00
	27	减：境外所得抵免税额（请填附表十）	0.00
	28	境内、外所得应纳所得税额（ 24 - 25 + 26 - 27 ）	2 636 500.00
	29	减：减免所得税额（请填附表七）	0.00
	30	实际应纳所得税额（ 28 -29 ）	2 636 500.00
	31	汇总纳税成员企业就地预缴比例	1.0
	32	汇总纳税成员企业就地应预缴的所得税额（ 30×31 ）	2 636 500.00
	33	减：本期累计实际已预缴的所得税额	2 615 000.00
	34	本期应补（退）的所得税额	21 500.00
	35	附：上年应缴未缴本年入库所得税额	0.00

计　税　　放　弃

版权所有：广东省地方税务局

图 4-11　年度纳税申报表主表页面

企业所得税年度纳税申报表

纳税人编码 ：340104330663123　　纳税人名称：滨海市百里香酒业有限公司　申报日期 ：2014-02-10

纳税年度：自 2013-01-01 至 2013-12-31　　管理机关 ：滨海市地方税务局

金额单位：元（列至角分）

	行次	项目	金额
收入总额	1	销售（营业）收入（请填附表一）	35 330 000.00
	2	投资收益（请填附表三）	80 000.00
	3	投资转让净收入（请填附表三）	0.00
	4	补贴收入	0.00
	5	其他收入（请填附表一）	50 000.00
	6	收入总额合计（1＋2＋3＋4＋5）	35 460 000.00
扣除项目	7	销售（营业）成本（请填附表二）	16 810 000.00
	8	主营业务税金及附加	1 260 000.00
	9	期间费用（请填附表二）	6 870 000.00
	10	投资转让成本（请填附表三）	0.00
	11	其他扣除项目（请填附表二）	60 000.00
	12	扣除项目合计（7＋8＋9＋10＋11）	25 000 000.00
应纳税所得额的计算	13	纳税调整前所得（6－12）	10 460 000.00
	14	加：纳税调整增加额（请填附表四）	116 000.00
	15	减：纳税调整减少额（请填附表五）	30 000.00
	16	纳税调整后所得（13＋14－15）	10 546 000.00
	17	减：弥补以前年度亏损（填附表六）（17 ≤ 16）	0.00
	18	减：免税所得（请填附表七）（18 ≤ 16－17）	0.00
	19	加：应补税投资收益已缴所得税额	0.00
	20	减：允许扣除的公益救济性捐赠额（请填附表八）	0.00
	21	减：加计扣除额（请填附表九）（21 ≤ 16－17－18＋19－20）	0.00
	22	应纳税所得额（16－17－18＋19－20－21）	10 546 000.00
应纳所得税额的计算	23	适用税率	0.25
	24	境内所得应纳所得税额（22×23）	2 636 500.00
	25	减：境内投资所得抵免税额	0.00
	26	加：境外所得应纳所得税额（请填附表十）	0.00
	27	减：境外所得抵免税额（请填附表十）	0.00
	28	境内、外所得应纳所得税额（24－25＋26－27）	2 636 500.00
	29	减：减免所得税额（请填附表七）	0.00
	30	实际应纳所得税额（28－29）	2 636 500.00
	31	汇总纳税成员企业就地预缴比例	1.0
	32	汇总纳税成员企业就地应预缴的所得税额（30×31）	2 636 500.00
	33	减：本期累计实际已预缴的所得税额	2 615 000.00
	34	本期应补（退）的所得税额	21 500.00
	35	附：上年应缴未缴本年入库所得税额	0.00

上一步　提 交　放 弃

图 4-12　重新计算后的申报表主表页面

（6）申报表提交成功后，系统将出现申报成功的提示信息，如图 4-13 所示。

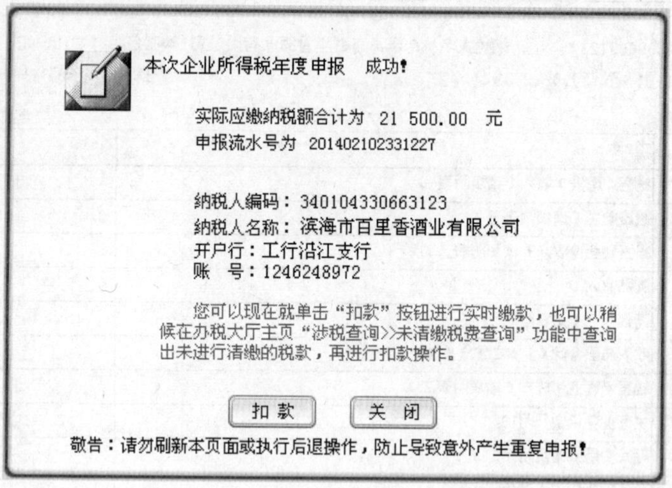

图 4-13　纳税申报成功的提示信息

【**步骤 4**】清缴税款。

缴纳税款前，纳税人必须确认其银行账户有足够的存款。

采用上门申报、提交纸质纳税申报资料的，税务机关审核纳税申报资料正确无误后，从纳税人的银行账户扣除税款。

通过网上报税系统申报的，纳税人在“纳税申报成功”页面，单击“扣款”按钮，即可完成缴税。系统将出现扣款成功的提示信息，如图 4-14 所示。

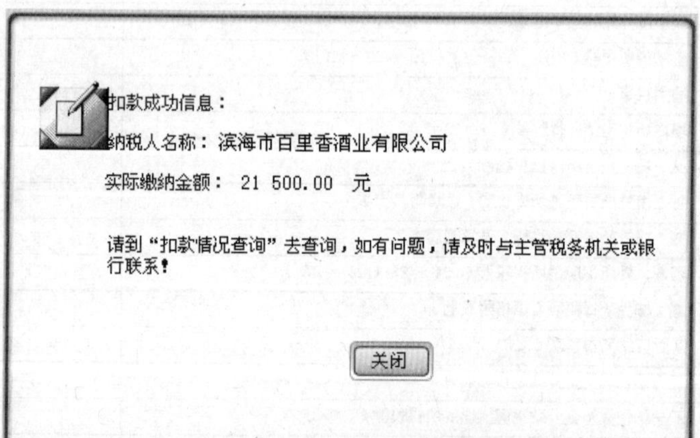

图 4-14　扣款成功的提示信息

【**步骤 5**】报送财务报表。

根据我国所得税制度规定，纳税人进行企业所得税申报时，除了向税务机关提交企业所得税申报表外，还要提交财务会计报表（资产负债表、利润表、现金流量表）。年度申报纳税财务报表的程序和要求，与月（季）度预缴申报的程序要求一样，不再重复。

任务拓展

采用核定征收方式征收企业所得税，企业所得税按季度预缴申报程序和查账征收方式基本相同，不同的是预缴申报表的格式和内容。

假设滨海市百里香酒业有限公司采用核定征收方式征收企业所得税，能准确核算收入总额，但不能准确核算成本费用，适用应税所得率为20%。该公司2013年已预缴企业所得税1 773 000元。

根据该公司2013年利润表资料，进行企业所得税年度申报和汇算清缴。计算过程如下。

2013年收入总额=35 330 000+80 000+50 000=35 460 000（元）

投资收益中有30 000元是国债利息收入，根据所得税法规定属于免税收入。

2013年应税收入=35 460 000–30 000=35 430 000（元）

2013年应纳税所得额=35 430 000×20%=7 086 000（元）

2013年应纳所得税额=7 086 000×25%=1 771 500（元）

应补（退）的所得税额=1 771 500–1 773 000=–1 500（元）

2013年多缴的企业所得税1 500元，由纳税人和税务机关商定，可采用退税或抵减下年度税款方式进行处理。

填写年度纳税申报表如表4-17所示。

表4-17　　企业所得税年度纳税申报表（B类）

税款所属期间：2013年01月01日 至 2013年12月31日

纳税人识别号：340104330663123

纳税人名称：滨海市百里香酒业有限公司　　　　金额单位：人民币元(列至角分)

项目			行次	累计金额
应纳税所得额的计算	按收入总额核定应纳税所得额	收入总额	1	35 430 000
		税务机关核定的应税所得率（ %）	2	20%
		应纳税所得额（1行×2行）	3	7 086 000
	按成本费用核定应纳税所得额	成本费用总额	4	
		税务机关核定的应税所得率（ %）	5	
		应纳税所得额[4行÷（1–5行）×5行]	6	
	按经费支出换算应纳税所得额	经费支出总额	7	
		税务机关核定的应税所得率（%）	8	
		换算的收入额[7行÷（1–8行）]	9	
		应纳税所得额（8行×9行）	10	
应纳所得税额的计算		税率（25%）	11	25%
		应纳所得税额（3行×11行或6行×11行或10行×11行）	12	1 771 500

续表

项　目		行次	累计金额
应纳所得税额的计算	减免所得税额	13	
应补（退）所得税额的计算	已预缴所得税额	14	1 773 500
	应补（退）所得税额（12 行－13 行－14 行）	15	−1 500
谨声明：此纳税申报表是根据《中华人民共和国企业所得税法》、《中华人民共和国企业所得税法实施条例》和国家有关税收规定填报的，是真实的、可靠的、完整的。 法定代表人（签字）：顾明伟　　2014 年 02 月 10 日			
纳税人公章： 会计主管：夏添 填表日期：2014 年 02 月 10 日	代理申报中介机构公章： 经办人： 经办人执业证件号码： 代理申报日期：　年　月　日	主管税务机关受理专用章： 受理人： 受理日期：　年　月　日	

采用核定征收方式征收企业所得税的纳税人，进行年度申报和汇算清缴时，需要向税务机关提交纳税申报表和财务报表，纳税申报的要求和程序与采用查账征收方式征税的纳税人相同，缴税的方式也相同，此处不再重复。

项目 2　个人所得税的核算和申报

学习目标

1. 能计算工资薪金应纳个人所得税额
2. 会办理工资薪金个人所得税代扣代缴申报和办理个人所得纳税申报
3. 培养自觉缴纳个人所得税的公民意识

知识引导

1. 个人所得税的概念

个人所得税是以个人（自然人）取得的各项应税所得为对象征收的一种税。

2. 纳税人和扣缴义务人

（1）个人所得税的纳税人。个人所得税的纳税人，指在我国境内有住所，或者无住所但在境内居住满一年的个人，以及无居所又不居住或者居住不满一年但从我国境内取得所得的个人。包括中国公民、外籍个人、无国籍个人、无国籍人员，以及中国香港、澳门、台湾地区同胞等。

个人所得税的纳税人按照国际通常的做法，依据住所和居住时间两个标准，区分为居民纳税人和非居民纳税人，分别承担不同的纳税义务。详细内容如表 4-18 所示。

表 4-18　　个人所得税纳税人的征税对象

纳税人分类	判断标准	纳税义务
居民纳税人	1. 在中国境内有住所的个人 2. 在中国境内虽无住所，但在境内居住满 1 年的个人	就其来源于中国境内、境外所得纳税
非居民纳税人	1. 在中国境内无住所又不居住的个人 2. 在中国境内无住所且居住不满 1 年的个人	就其来源于中国境内所得纳税

（2）个人所得税的扣缴义务人。我国个人所得税实行代扣代缴和个人申报纳税相结合的方式。凡税法规定的支付应纳税所得的单位和个人，都是个人所得税的扣缴义务人。

3. 个人所得税一般规定

（1）征税范围规定。我国个人所得税的应纳税所得共 11 项，如表 4-19 所示。

（2）税率规定。我国个人所得税实行分类征收，即根据纳税人不同来源、性质的所得项目，分别规定不同的税率计算征税。

（3）纳税期限规定。我国个人所得税针对不同类别的所得，规定了不同的纳税期限。

表 4-19　　个人所得税纳税人的一般规定

序号	所得类别	适用税率	纳税期限
1	工资、薪金所得	3%~45%七档超额累进税率	月
2	个体工商户生产、经营所得	5%~35%五档超额累进税率	年
3	对企事业单位的承包、承租经营所得	5%~35%五档超额累进税率	年
4	劳务报酬所得	20%~40%三档超额累进税率	次
5	稿酬所得	20%基础上减征 30%，即 14%	次
6	特许权使用费所得	20%	次
7	财产租赁所得	20%	次
8	财产转让所得	20%	次
9	利息、股息、红利所得	20%	次
10	偶然所得	20%	次
11	其他所得	20%	次

4. 个人所得税的计算

计算个人所得税应纳税额，应先确定其计税依据。个人所得税的计税依据就是应纳税所得，是个人取得的各项应税收入减去按规定标准扣除费用后的余额。不同的个人所得项目，其扣除标准不同。

（1）工资、薪金个人所得税的计算。

① 工资、薪金应纳税所得=个人工资薪金收入−3 500

需要注意的是，个人按政府有关规定缴纳的基本养老保险费、基本医疗保险费、失业保险费、住房公积金（简称“三险一金”）可以在税前扣除。

② 应纳个人所得税=应纳税所得×适用税率–速算扣除数

具体的个人所得税税率表如表 4-20 所示。

表 4-20　　工资、薪金所得个人所得税税率表

级数	月应纳税所得额（含税）	税率（%）	速算扣除数（元）
1	不超过 1 500 元的	3	0
2	超过 1 500 元至 4 500 元的部分	10	105
3	超过 4 500 元至 9 000 元的部分	20	555
4	超过 9 000 元至 35 000 元的部分	25	1 005
5	超过 35 000 元至 55 000 元的部分	30	2 755
6	超过 55 000 元至 80 000 元的部分	35	5 505
7	超过 80 000 元的部分	45	13 505

例 1　李某 9 月扣除“三险一金”后的工资收入为 8 650 元。计算李某 9 月应纳个人所得税。

【解析】应纳税所得=8 650–3 500=5 150（元）

应纳税所得 5 150 元适用第 3 级税率 20%，速算扣除数为 555 元。

应纳个人所得税=5 150×20%–555=475（元）

（2）个体工商户生产、经营个人所得税的计算。

① 个体工商户生产、经营应纳税所得

=年度收入总额–成本、费用、损失、准予扣除的税金–3 500 元/月×12 月

个体工商户生产、经营所得税的纳税人包括个体工商户业主、个人独资企业和合伙企业自然人投资者个人。公式中的 3 500 元/月为个体工商户业主本人的工资费用标准。

② 应纳个人所得税=应纳税所得×适用税率–速算扣除数

具体的所得适用税率表如表 4-21 所示。

表 4-21　　生产经营所得和承包、承租经营所得适用税率表

级数	全年应纳税所得额（含税）	税率（%）	速算扣除数（元）
1	不超过 15 000 元的	5	0
2	超过 15 000 元至 30 000 元的部分	10	750
3	超过 30 000 元至 60 000 元的部分	20	3 750
4	超过 60 000 元至 100 000 元的部分	30	9 750
5	超过 100 000 元的部分	35	14 750

例 2　张某是一名个体工商户业主，2013 年经营收入 320 000 元，经营成本 150 000 元，经营费用 52 000 元（不含张某本人的工资），经营税金（不包括增值税）7 000 元。计算张某 2013 年应缴纳的个人所得税。

【解析】张某应按个体工商户生产、经营所得缴纳个人所得税。

应纳税所得额 = 320 000–150 000–52 000–7 000–3 500×12 = 69 000（元）

应纳税所得额 69 000 元适用第 4 级税率为 30%，速算扣除数为 9 750 元。

应纳个人所得税=69 000×30%–9 750 = 10 950（元）

（3）承包经营、承租经营个人所得税的计算。

① 承包、承租经营应纳税所得

=每一纳税年度的收入总额–3 500 元/月×12 月

每一纳税年度的收入总额是指纳税人按承包、承租合同规定分得的经营利润和工资薪金性质所得之和。

② 应纳个人所得税=应纳税所得×适用税率–速算扣除数

例 3 胡某 2013 年承包所在单位的食堂，根据承包合同分得利润所得 57 000 元，每月还从单位领取工资 3 000 元。计算胡某 2013 年应缴纳的个人所得税。

【解析】胡某应按承包、承租经营所得缴纳个人所得税。

应纳税所得=57 000+3 000×12–3 500×12=51 000（元）

应纳税所得额 51 000 元，适用第 3 税级税率为 20%，速算扣除数为 3 750 元。

应纳个人所得税=51 000×20%–3 750 = 6 450（元）

（4）劳务报酬个人所得税的计算。下述劳务报酬所得、稿酬所得、特许权使用费所得、财产租赁所得，均以个人每次取得的收入，按定额或定率减除规定的费用后的余额为应纳税所得额。每次收入≤4 000 元的，费用扣除标准为 800 元；每次收入＞4 000 元的，费用扣除标准为收入的 20%。

劳务报酬所得“每次收入”是指属于一次性收入的，以取得该项收入为一次；凡属于同一项目连续性取得收入的，以一个月内取得的收入为一次。

① 劳务报酬应纳税所得=劳务报酬收入–费用扣除标准

② 应纳个人所得税=应纳税所得×适用税率–速算扣除数

具体的适用税率表如表 4-22 所示。

表 4-22　劳务报酬所得适用税率表

级数	每次应纳税所得额（含税）	税率（%）	速算扣除数（元）
1	不超过 20 000 元的部分	20	0
2	超过 20 000 元至 50 000 元的部分	30	2 000
3	超过 50 000 元的部分	40	7 000

例 4 周某受某公司邀请举办讲座，获得讲学报酬 3 500 元。计算周某应缴纳的个人所得税。

【解析】讲学酬金应按劳务报酬所得缴纳个人所得税，劳务报酬收入不超过 4 000 元，费用扣除标准为 800 元。

应纳税所得 = 3 500–800=2 700（元）

劳务报酬所得 2 700 元，适用第 1 级税率 20%，速算扣除数为 0。

应纳个人所得税 = 2 700×20%–0 = 540（元）

（5）稿酬个人所得税的计算。

① 稿酬应纳税所得=每次收入额–必要扣除费用

稿酬所得“每次收入”是指以每次出版、发表作品取得的收入为一次，据以确定应纳税所得额。

② 应纳个人所得税=应纳税所得×14%

例5 陈某出版小说，获得稿酬收入5 800元。计算陈某应缴纳的个人所得税。

【解析】稿酬收入超过4 000元，费用扣除标准为收入的20%。

应纳税所得＝5 800×（1–20%）=4 640（元）

应纳个人所得税=4 640×14%=649.60（元）

（6）特许权使用费个人所得税的计算。

① 特许权使用费应纳税所得=特许权使用费收入–费用扣除标准

② 应纳个人所得税=应纳税所得×20%

例6 王某将其个人拥有的一项专利的使用权转让给某企业，获得特许权使用费收入3 200元。计算王某应缴纳的个人所得税。

【解析】特许权使用费收入不超过4 000元，费用扣除标准为800元。

应纳税所得＝3 200–800=2 400（元）

应纳个人所得税=2 400×20%=480（元）

（7）财产租赁个人所得税的计算。

① 财产租赁应纳税所得=租赁收入–准予扣除项目–修缮费用–费用扣除标准

财产租赁所得一般以个人每次取得的收入，按定额或减除规定费用后的余额为应纳税所得额，纳税人在出租财产过程中缴纳的税金和教育费附加，持完税（缴款）凭证，从其财产租赁收入中扣除，此外，还准予扣除能提供有效、准确凭证，证明由纳税人负担的该出租财产实际开支的修缮费用。允许扣除的修缮费用以每次800元为限，一次扣除不完的，准予在下一次继续扣除，直到扣完为止。

② 应纳个人所得税=应纳税所得×税率

财产租赁个人所得税率为20%，但个人按市场价格出租居民住房取得的所得，减按10%税率征收。

例7 黄某将其拥有的一幢房屋用于出租，9月取得租金收入7 800元，支付出租的税费共429元。计算黄某应缴纳的个人所得税。

【解析】租赁收入超过4 000元，费用扣除标准为租赁收入–准予扣除项目–修缮费用的20%。

应纳税所得＝（7 800–429）×（1–20%）=5 896.80（元）

应纳个人所得税=5 896.80×10%=589.68（元）

（8）财产转让个人所得税的计算。

① 财产转让应纳税所得=财产转让收入–财产原值–合理费用

“合理费用”是指财产转让过程中缴纳的税金及有关合理费用。

② 应纳个人所得税=应纳税所得×20%

例 8 赵某 9 月将其拥有的一幢房屋出售，取得收入 690 000 元，支付出售的税费 38 000 元，该房屋购入时的成本为 320 000 元。计算赵某应缴纳的个人所得税。

【解析】财产原值、转让支付的税费可以从财产转让收入中扣除。

应纳税所得 = 690 000–320 000–38 000=332 200（元）

应纳个人所得税=332 200×20%=66 400（元）

（9）利息股息红利所得、偶然所得、其他所得个人所得税的计算。

① 利息股息红利所得、偶然所得、其他所得不得扣除任何费用

② 应纳个人所得税=收入×20%

需要注意的是，自 2008 年 10 月 9 日起对储蓄存款利息所得暂免征收个人所得税。

例 9 何某 9 月购买福利彩票，中奖获得奖金 20 000 元。计算何某应缴纳的个人所得税。

【解析】中奖属于偶然所得，以每次收入为应纳税所得额，不得扣除任何费用。

应纳个人所得税=20 000×20%=4 000（元）

5. 个人所得税的税收优惠

企业在进行个人所得税的代扣代缴时，下列各项个人所得免征个人所得税。

（1）福利费、抚恤金、救济金。福利费是根据国家有关规定，从企业、事业单位、国家机关、社会团体提留的福利费或者工会经费中支付给个人的生活补助费；救济金是指国家民政部门支付给个人的生活困难补助费。

（2）按照国家统一规定发给干部、职工的安家费、退职费、退休工资、离休工资、离休生活补助费。

（3）企业和个人按照省级以上人民政府规定的比例提取并缴付的住房公积金、医疗保险费、基本养老保险金、失业保险金，不计入个人当期的工资、薪金收入，免征个人所得税。超过规定的比例缴付的部分计征个人所得税。

个人领取原提存的住房公积金、医疗保险费、基本养老保险金时，免征个人所得税。

（4）个人办理代扣代缴税款手续，按规定取得的扣缴手续费。

6. 个人所得税业务核算应设置的账户

企业在对职工实行代扣代缴个人所得税的时候，在“应缴税费”账户下设“应缴个人所得税”明细账户，专门用来核算企业代扣代缴职工个人所得税的情况。

7. 个人所得税的纳税申报和缴纳方式

（1）代扣代缴。按《税法》规定负有扣缴税款义务的单位或个人，在向个人支付应纳税所得额时，应计算应纳税额，从其所得中扣除并缴入国库，同时向税务机关报送扣缴个人所得税报告表。

（2）自行申报纳税。自行申报纳税是由纳税人自行在税法规定的纳税期限内，向税务机关申报取得的应税所得项目和数额，如实填写个人所得税纳税申报表，并按照《税法》规定计算应纳税额，据此缴纳个人所得税的一种方法。

自行申报纳税的纳税人主要有以下几种。

① 年所得 12 万元以上的。

② 从中国境内两处或两处以上取得工资、薪金所得的。

③ 从中国境外取得所得的。

④ 取得应税所得，没有扣缴义务人的。

⑤ 国务院规定的其他情形。

任务1　工资薪金个人所得税纳税业务核算

任务描述

滨海市百里香酒业有限公司 10 月根据上月工资结算情况进行个人所得税业务相关会计处理。

【业务 1】10 月 10 日，根据 9 月工资结算表（见表 4-23），计算代扣代缴的个人所得税，发放工资（发放工资的支票存根略）。

【业务 2】10 月 10 日，申报代扣代缴个人所得税，缴纳代扣代缴税款（电子缴税回单略）。

表 4-23　滨海市百里香酒业有限公司工资结算表

2013 年 9 月　　金额单位：元

部门	姓名	应付工资	代扣款项						实发工资
			养老保险	医疗保险	失业保险	住房公积金	个人所得税	扣款合计	
生产车间	龙小尹	7 500	360	90	45	540			
	陈芳	6 500	360	90	45	540			
	黄婷婷	6 200	336	84	42	504			
	林建	5 700	336	84	42	504			
	…								
车间管理人员	唐霞	8 000	480	120	60	720			
	杨秀芬	7 000	480	120	60	720			
	蔡铭	6 000	400	100	50	600			
	…								
销售人员	陈燕	11 500	280	70	35	420			
	林嘉欣	10 000	280	70	35	420			
	李鹏程	8 000	240	60	30	360			
	…								
管理人员	顾明伟	18 000	800	200	100	1 200			
	夏 添	12 000	640	160	80	960			
	冯东灵	8 000	400	100	50	600			
	高 部	6 000	400	100	50	600			
	…								
合计		600 000	36 000	9 000	4 500	54 000			

任务指导

【步骤 1】计算代扣代缴的个人所得税额。

代扣代缴义务人根据工资结算情况，计算每个职工应缴纳的个人所得税。滨海市百里香酒业有限公司 10 月份根据 9 月工资结算表，计算税额如表 4-24 所示。

表 4-24　　工资、薪金个人所得税计算表

2013 年 9 月　　金额单位：元

部门	姓名	应付工资	扣除社保、住房公积金	扣除标准费用	应纳税所得额	适用税率	速算扣除数	应纳个人所得税
生产车间	龙小尹	7 500	1 035	3 500	2 965	10%	105	191.50
	陈芳	6 500	1 035	3 500	1 965	10%	105	91.50
	黄婷婷	6 200	966	3 500	1 734	10%	105	68.40
	林建	5 700	966	3 500	1 234	3%	0	37.02
	…							
车间管理人员	唐霞	8 000	1 380	3 500	3 120	10%	105	207.00
	杨秀芬	7 000	1 380	3 500	2 120	10%	105	107.00
	蔡铭	6 000	1 150	3 500	1 350	3%	0	40.50
	…							
销售人员	陈燕	11 500	805	3 500	7 195	20%	555	884.00
	林嘉欣	10 000	805	3 500	5 695	20%	555	584.00
	李鹏程	8 000	690	3 500	3 810	10%	105	276.00
	…							
管理人员	顾明伟	18 000	2 300	3 500	12 200	25%	1 005	2 045.00
	夏 添	12 000	1 840	3 500	6 660	20%	555	777.00
	冯东灵	8 000	1 150	3 500	3 350	10%	105	230.00
	高 部	6 000	1 150	3 500	1 350	3%	0	40.50
	…							
合计		600 000						10 052.54

【步骤 2】计算实发工资。

根据职工应发工资、代扣个人社保、代扣住房公积金、代扣个人所得税等数据，计算职工个人实发工资，完成工资结算表的各项内容，如表 4-25 所示。

表 4-25　　滨海市百里香酒业有限公司工资结算表

2013 年 9 月　　金额单位：元

部门	姓名	应付工资	代扣款项						实发工资
			养老保险	医疗保险	失业保险	住房公积金	个人所得税	扣款合计	
生产车间	龙小尹	7 500	360	90	45	540	191.50	1 226.5	6 273.50
	陈芳	6 500	360	90	45	540	91.50	1 126.5	5 373.50
	黄婷婷	6 200	336	84	42	504	68.40	1 034.4	5 165.60
	林建	5 700	336	84	42	504	37.02	1 003.02	4 696.98
	…								
车间管理人员	唐霞	8 000	480	120	60	720	207.00	1 587	6 413
	杨秀芬	7 000	480	120	60	720	107.00	1 487	5 513
	蔡铭	6 000	400	100	50	600	40.50	1 190.5	4 809.50
	…								
销售人员	陈燕	11 500	280	70	35	420	884.00	1 689	9 811
	林嘉欣	10 000	280	70	35	420	584.00	1 389	8 611
	李鹏程	8 000	240	60	30	360	276.00	966	7 034
	…								
管理人员	顾明伟	18 000	800	200	100	1 200	2 045.00	4 345	13 655
	夏 添	12 000	640	160	80	960	777.00	2 617	9 383
	冯东灵	8 000	400	100	50	600	230.00	1 380	6 620
	高 部	6 000	400	100	50	600	40.50	1 190.5	4 809.50
	…								
合计		600 000	36 000	9 000	4 500	54 000	10 052.54	113 552.54	486 447.46

【步骤 3】核算代扣个人所得税业务。

企业根据工资结算表代扣社会保险费、住房公积金、个人所得税，按照实发工资数额发放工资，根据工资结算表编制发放工资、结转代扣款项业务编制记账凭证，如表 4-26、表 4-27 所示。

表 4-26　　简易记账凭证

日期	凭证		摘　要	会计分录	附件
	字	号			
10 日		略	发放工资	借：应付职工薪酬——工资　486 447.46 贷：银行存款　486 447.46	1

表 4-27　　　　　　　　　　　　　　**简易记账凭证**

日 期	凭证		摘　要	会计分录	附件
	字	号			
10日		略	结转代扣社会保险费、住房公积金和个人所得税	借：应付职工薪酬——工资　113 552.54 贷：其他应付款——养老保险费　36 000 ——失业保险费　9 000 ——医疗保险费　4 500 ——住房公积金　54 000 应缴税费——应缴个人所得税　10 052.54	1

【步骤 4】核算缴纳个人所得税的业务。

根据银行转来的电子缴税回单，编制缴纳税款的记账凭证，如表 4-28 所示。

表 4-28　　　　　　　　　　　　　　**简易记账凭证**

日 期	凭证		摘　要	会计分录	附件
	字	号			
10日		略	缴纳个人所得税	借：应缴税费——个人所得税　10 052.54 贷：银行存款　10 052.54	1

任务2　个人所得税代扣代缴申报

任务描述

滨海市百里香酒业有限公司 2013 年 10 月进行 9 月份的个人所得税代扣代缴申报。

任务指导

【步骤 1】填写《扣缴个人所得税报告表》。

纳税人根据工资结算表、个人所得税计算表，填写《扣缴个人所得税报告表》，如表 4-29 所示。

注意表中的“免税收入额”是指省级人民政府、国务院部委和中国人民解放军以上单位，以及外国组织、国际组织颁发的科学、教育、技术、文化、卫生、体育、环境保护等方面的奖金，国债和国家发行的金融债券利息，福利费、抚恤金、救济金，保险赔款，军人的转业费、复员费，按照国家统一规定发给干部、职工的安家费、退职费、退休工资、离休工资、离休生活补助费等按照《税法》及实施条例和国家有关政策规定免于纳税的所得。

【步骤 2】填写《支付个人收入明细表》。

扣缴义务人进行工资薪金个人所得税代扣代缴申报时，还应提交《支付个人收入明细表》，如表 4-30 所示。

表 4-29

扣缴个人所得税报告表

税款所属期：2013 年 9 月 [illegible] 日至 2013 年 9 月 31 日
扣缴义务人名称：滨海市百里香酒业有限公司
扣缴义务人编号：340104330663123

扣缴义务人所属行业：□一般行业 □特定行业月份申报
金额单位：人民币元（列至角分）

序号	姓名	身份证件类型	身份证件号码	所得项目	所得期间	收入额	免税所得	税前扣除项目								减除费用	准予扣除的捐赠额	应纳税所得额	税率%	速算扣除数	应纳税额	减免税额	应扣缴税额	已扣缴税额	应补（退）税额	备注
								基本养老保险费	基本医疗保险费	失业保险费	住房公积金	财产原值	允许扣除的税费	其他	合计											
1	2	3	4	5	6	7	8	9	10	11	12	13	14	15	16	17	18	19	20	21	22	23	24	25	26	27
1	龙小尹	身份证	（略）	工资、薪金	2013.09	7 500.00									1 035.00	3500.00		2 965.00	10	105.00	191.50		191.50	191.50		
2	陈芳			工资、薪金	2013.09	6 500.00									1 035.00	3500.00		1 965.00	10	105.00	91.50		91.50	91.50		
3	黄婷婷			工资、薪金	2013.09	6 200.00									966.00	3500.00		1 734.00	10	105.00	68.40		68.40	68.40		
4	林建			工资、薪金	2013.09	5 700.00									966.00	3500.00		1 234.00	3	0.00	37.02		37.02	37.02		
5	唐霞			工资、薪金	2013.09	8 000.00									1 380.00	3500.00		3 120.00	10	105.00	207.00		207.00	207.00		
6	杨秀芬			工资、薪金	2013.09	7 000.00									1 380.00	3500.00		2 120.00	10	105.00	107.00		107.00	107.00		
7	蔡铭			工资、薪金	2013.09	6 000.00									1 150.00	3500.00		1 350.00	3	0.00	40.50		40.50	40.50		
8	陈燕			工资、薪金	2013.09	11 500.00									805.00	3500.00		7 195.00	20	555.00	884.00		884.00	884.00		
9	林嘉欣			工资、薪金	2013.09	10 000.00									805.00	3500.00		5 695.00	20	555.00	584.00		584.00	584.00		
10	李鹏程			工资、薪金	2013.09	8 000.00									690.00	3500.00		3 810.00	10	105.00	276.00		276.00	276.00		
11	顾明伟			工资、薪金	2013.09	18 000.00									2 300.00	3500.00		12 200.00	25	1 005.00	2 045.00		2 045.00	2 045.00		
12	夏 添			工资、薪金	2013.09	12 000.00									1 840.00	3500.00		6 660.00	20	555.00	777.00		777.00	777.00		
13	冯东灵			工资、薪金	2013.09	8 000.00									1 150.00	3500.00		3 350.00	10	105.00	230.00		230.00	230.00		
14	高 部			工资、薪金	2013.09	6 000.00									1 150.00	3500.00		1 350.00	3	0.00	40.50		40.50	40.50		
15	…																									
合 计																										

谨声明：此扣缴报告表是根据《中华人民共和国个人所得税法》及其实施条例和国家有关税收法律法规规定填写的，是真实的、完整的、可靠的。

法定代表人（负责人）签字：顾明伟　　2013 年 9 月 30 日

扣缴义务人公章： 经办人：冯东灵	代理机构（人）签章： 经办人： 经办人执业证件号码：	主管税务机关受理专用章： 受理人：
填表日期：　2013 年 10 月 10 日	代理申报日期：　年　月　日	受理日期：　年　月　日

国家税务总局监制

表 4-30

支付个人收入明细表

扣缴义务人编码：40104330663123

扣缴义务人名称（公章）：

所属期间：2013 年 09 月 01 日至 2013 年 09 月 30 日　　填表日期：2013 年 10 月 10 日　　金额单位：元（列至角分）

姓名	身份证照类型及号码	收入额						备注
		合计	工资薪金所得	承包、承租所得	劳务报酬所得	利息、股息、红利所得	其他各项所得	
1	2	3	4	5	6	7	8	9
龙小尹	×××	7 500.00	7 500.00					
陈芳	×××	6 500.00	6 500.00					
黄婷婷	×××	6 200.00	6 200.00					
林建	×××	5 700.00	5 700.00					
唐霞	×××	8 000.00	8 000.00					
杨秀芬	×××	7 000.00	7 000.00					
蔡铭	×××	6 000.00	6 000.00					
陈燕	×××	11 500.00	11 500.00					
林嘉欣	×××	10 000.00	10 000.00					
李鹏程	×××	8 000.00	8 000.00					
顾明伟	×××	18 000.00	18 000.00					
夏 添	×××	12 000.00	12 000.00					
冯东灵	×××	8 000.00	8 000.00					
高 部	×××	6 000.00	6 000.00					
合 计								

制表人：　　审核人：

【步骤 3】纳税申报。

扣缴义务人进行个人所得税代扣代缴申报，有直接上门申报和网上申报两种方式。以下介绍网上申报的操作过程。

（1）进入个人所得税申报页面。扣缴义务人登录税务机关网站，在“网上办税大厅”页面选择“个人所得税”栏目，如图 4-15 所示。

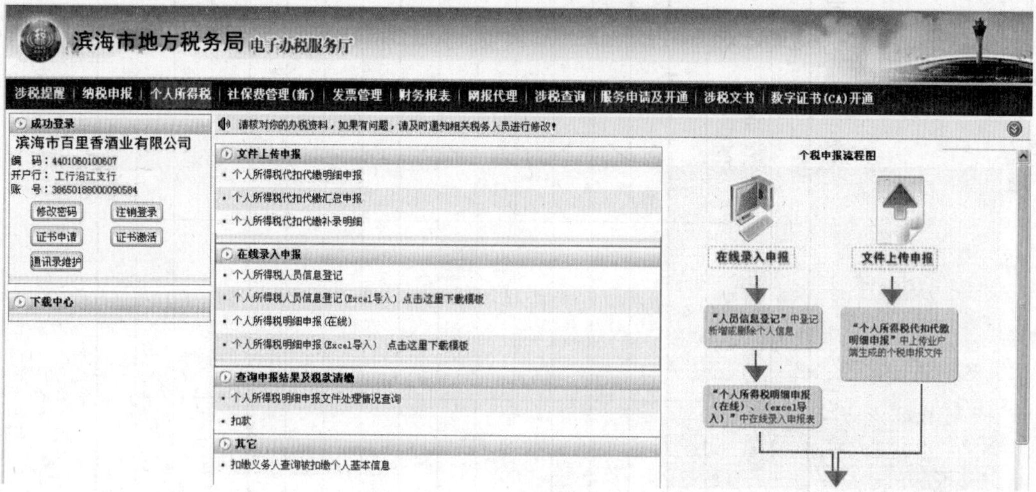

图 4-15 个人所得税页面

（2）录入人员信息。进行代扣代缴个人所得税网上申报前，首先要在网上录入代扣代缴人员的信息。在人员信息登记页面（见图 4-16）可以读取上月人员信息，也可以进行增员或减员。

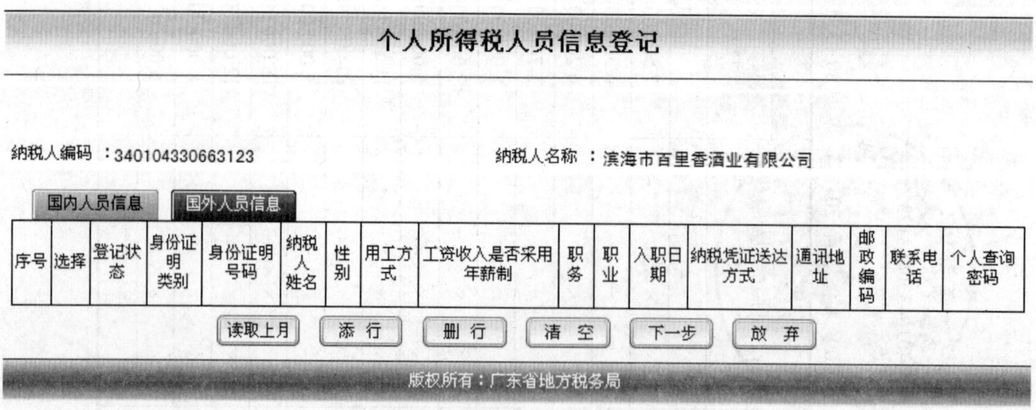

图 4-16 “个人所得税人员信息登记”页面

（3）上传申报文件。成功录入人员信息后，返回并进入“个人所得税代扣代缴明细申报”栏目，在上传申报文件页面如图 4-17 所示，上传已经按税务机关要求格式填写的申报文件。单击“上传”按钮，系统出现核对上传数据的提示信息（见图 4-18），核对无误后单击“确认上传”按钮，上传成功后出现提示信息（见图 4-19）。

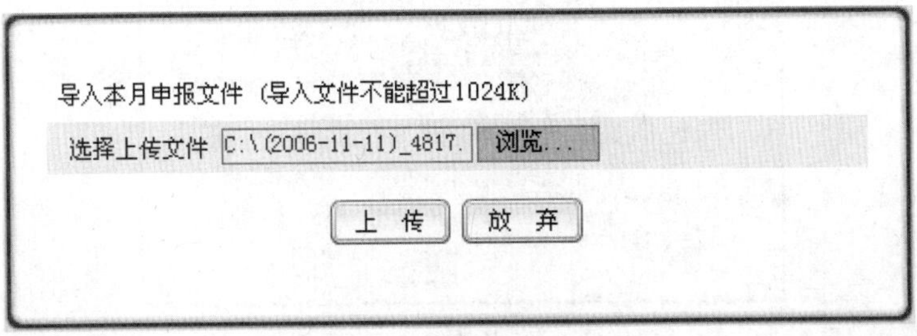

图 4-17　上传申报文件页面

▪ 核对结果如下：

扣缴义务人编码：340104330663123　名称：滨海市百里香酒业有限公司

项目名称	文件读取值	期望值	一致性
扣缴义务人编码	340104330663123	340104330663123	一致
申报类型	正常申报	正常申报	一致
所得期间	2006-10		

▪ 您上传的个人所得税明细文件资料如下：

项目名称	数值
国内申报人次	40
国内申报人数	40
国内申报金额	10 052.54
国外申报人次	0
国外申报人数	0
国外申报金额	0.00
国内登记人数	40
国外登记人数	0
申报总人数	40
申报总金额	10 052.54

确认上传　返回修改　取消上传

备注：
如果申报总金额为零，表示本次申报不用缴税，您不用通过扣款功能进行税款清缴。

图 4-18　核对上传信息页面

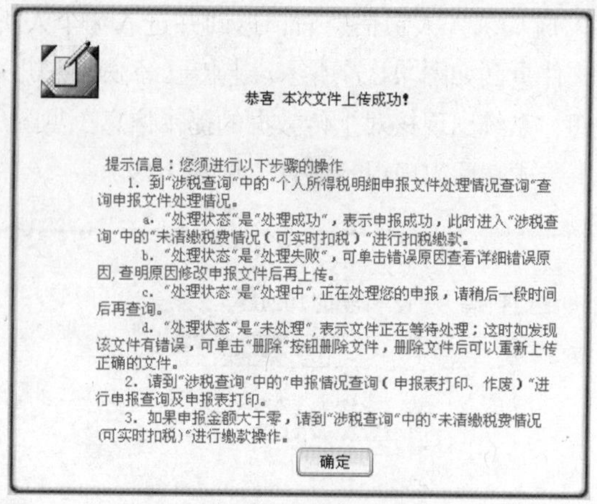

图 4-19　上传成功的提示信息

【步骤 4】缴税。

在上传成功提示页面单击“确定”按钮后，系统出现扣款提示信息如图 4-20 所示，单击“扣款”按钮，即可成功缴税。

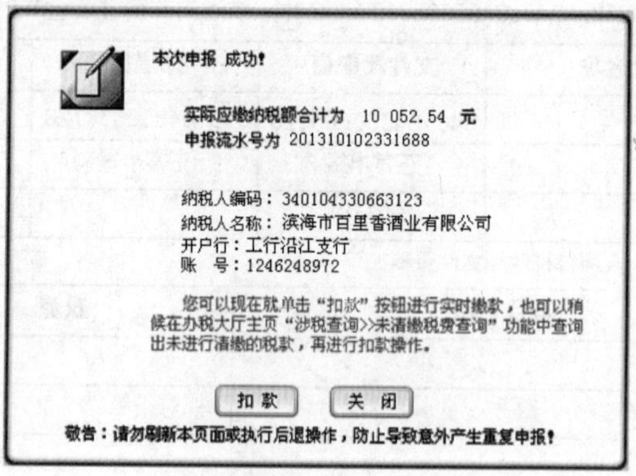

图 4-20　扣款的提示信息

任务3　个人所得税自行纳税申报

任务描述

滨海市百里香酒业有限公司顾明伟 2012 年年收入大于 12 万元，其中工资、薪金所得为 17 万元，利用业余时间兼职获得劳务报酬 1.5 万元，请填写“个人所得税纳税申报表”，并计算应纳税额，进行个人所得税自行申报纳税。

任务指导

【步骤 1】登录个人所得税申报系统。输入身份证号等个人相关信息，如图 4-21 所示。

图 4-21　个税申报登录界面

【**步骤 2**】纳税申报。

（1）在个人所得税申报页面如图 4-22 所示，选择申报类别“年所得 12 万元以上自行申报”。

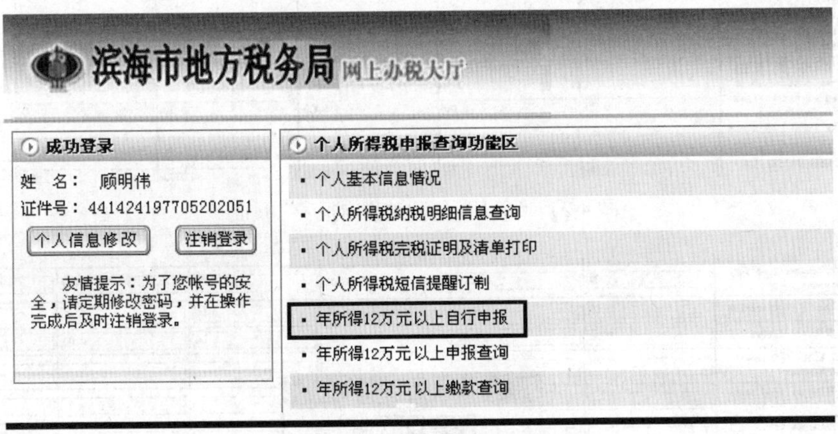

图 4-22　个人所得税申报页面

（2）同意申报声明，如图 4-23 所示。

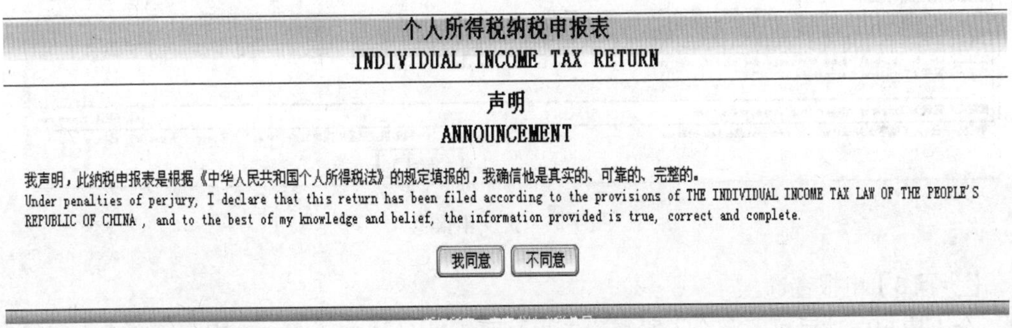

图 4-23　申报声明

（3）填写和提交申报资料。进入申报表填写界面后，该年度已经上报给税务机关缴纳个人所得税的所得及税款等信息将自动显示（见图 4-24），申报人须补充其他未申报所得并计算相关税费，审核无误后单击“提交”按钮（见图 4-25）。

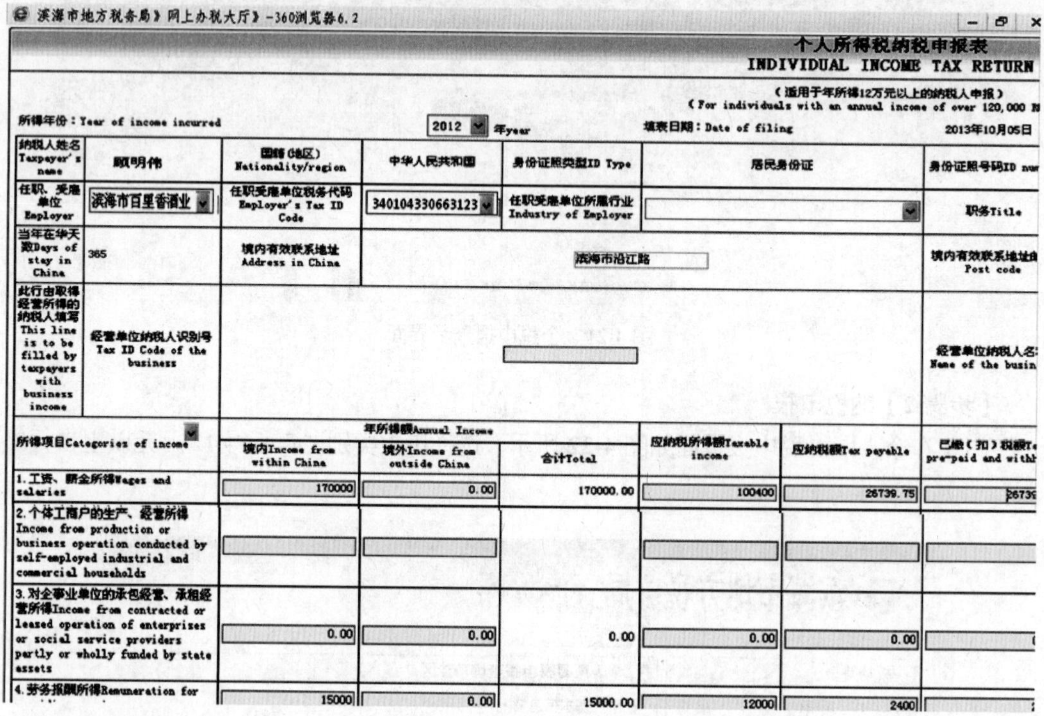

图 4-24 “个人所得税纳税申报表”页面

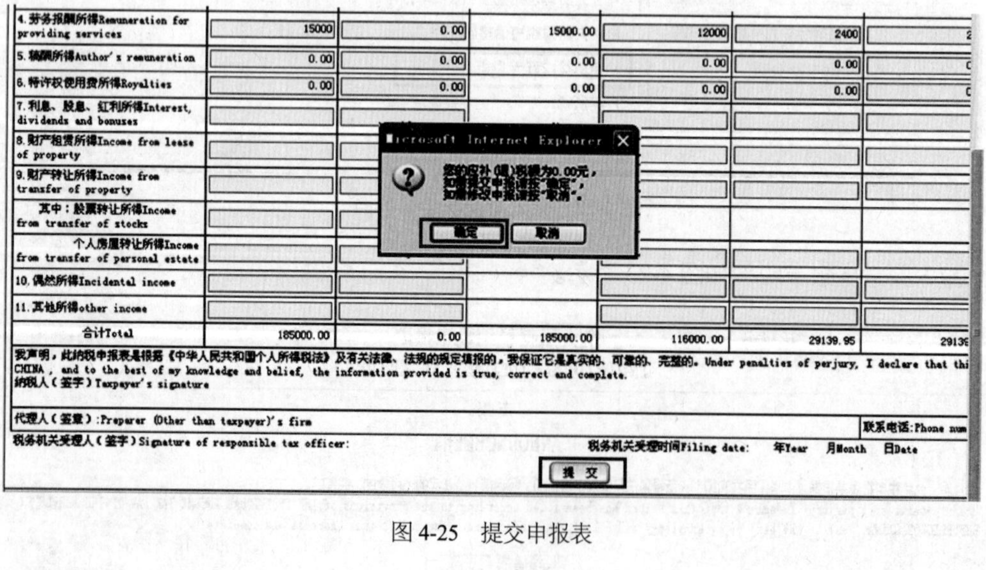

图 4-25 提交申报表

【步骤 3】申报查询。

个人申报成功后可返回个人所得税申报页面（见图 4-22）查询申报记录和个人所得税缴款记录。

实训体验

【单选题】

1. 对于中国非居民企业，应就其来源于中国（　　）缴纳企业所得税。

A. 境内所得　　B. 境外所得

C. 境内所得、境外所得　　D. 境内所得和部分境外所得

2. 企业所得税规定广告宣传费的扣除标准是（　　）。

A. 实际发生额的 60%　　B. 营业收入的 5%

C. 营业收入的 15%　　D. 营业收入的 5‰

3. 下列属于应纳税所得额调整减少的项目是（　　）。

A. 超出扣除限额的广告费　　B. 非公益性捐赠

C. 国债利息收入　　D. 税收滞纳金支出

4. 作家何某将其精选的文章作品交由某出版社出版，从出版社取得报酬 10 万元。该笔报酬在缴纳个人所得税时适用的税目是（　　）。

A. 工资薪金所得　　B. 劳务报酬所得

C. 稿酬所得　　D. 特许权使用费所得

5. 王某本月取得稿酬 20 000 元，讲课费 4 000 元，根据我国个人所得税制度规定，王某应缴纳个人所得税（　　）元。

A. 2 688　　B. 2 880

C. 3 840　　D. 4 800

6. 下列应税项目中，以 1 个月为一次确定应纳税所得额的是（　　）。

A. 劳务报酬所得　　B. 特许权使用费所得

C. 财产租赁所得　　D. 财产转让所得

【多选题】

1. 下列企业或经济组织中，不属于企业所得税纳税人的是（　　）。

A. 个人独资企业　　B. 集体企业

C. 私营企业　　D. 合伙企业

2. 我国《企业所得税法》规定的业务招待费的扣除标准是（　　）。

A. 实际发生的 60%　　B. 营业收入的 5%

C. 营业收入的 15%　　D. 营业收入的 5‰

3. 我国现行所得税制度包括（　　）。

A. 公司所得税

B. 个人所得税

C. 企业所得税

D. 外商投资企业和外国企业所得税

4. 下列项目中计征个人所得税时，允许从总收入中减除费用 800 元的有（　　）。

A. 承租、承包所得 50 000 元

B. 外企中方雇员的工资、薪金所得 12 000 元

C. 提供咨询服务一次取得收入 2 000 元

D. 出租房屋收入 3 000 元

5. 根据《个人所得税法》的规定，下列各项中，应当按照工资、薪金所得征收个人所得税的有（　　）。

A. 劳动分红　　B. 年终加薪

C. 独生子女补贴　　D. 午餐补助

6. 个人取得下列各项所得中，必须自行申报纳税额的有（　　）。

A. 年所得 12 万元以上

B. 取得应纳税所得，没有扣缴义务人的

C. 取得一次性劳务报酬所得

D. 从两处或两处以上取得工资、薪金所得

【业务题】

1. 2013 年 8 月 4 日，清河公司向税务机关申报预缴第二季度企业所得税 34 700 元，预缴企业所得税 34 700 元。

要求：编制计提企业所得税、缴纳企业所得税、结转所得税费用的会计分录。

2. 大学教授李某 2013 年 9 月取得以下收入：

（1）工资收入 7 500 元；

（2）一次性稿费收入 5 000 元；

（3）一次性讲学收入 750 元；

（4）一次性翻译资料收入 4 000 元。

要求：计算李某当月应缴纳的个人所得税。

【综合实训】

南通雄誉实业有限责任公司基本资料如表 4-31 所示。

表 4-31　　南通雄誉实业有限责任公司概况

企业名称	南通雄誉实业有限责任公司
企业类型	有限责任公司、一般纳税人
法人代表	张三
住址、电话	南通青年路 139 号　电话：5237167
纳税人登记证号	320602000000000123
开户银行	工商银行青年路分理处
账号	018401028

该公司采用查账征收方式征收企业所得税。

2014 年 3 月 2 日，公司根据 2013 年利润表（见表 4-32），申报和缴纳 2013 年企业所得税。

表 4-32　　南通雄誉实业有限责任公司 2013 年利润表

金额单位：元

行　次	项　　目	年 度 累 计
1	一、营业收入	7 066 000.00
2	减：营业成本	4 562 000.00
3	营业税金及附加	252 000.00
4	销售费用	352 000.00
5	管理费用	976 000.00
6	财务费用	24 000.00
7	资产减值损失	
8	加：公允价值变动收益	
9	投资收益	16 000.00
10	二、营业利润	916 000.00
11	加：营业外收入	8 000.00
12	减：营业外支出	12 000.00
13	三、利润总额	912 000.00

经审核，该公司发生以下纳税调整事项。

（1）本年度实际工资支出 630 000 元，工会经费支出 12 600 元，职工教育经费支出 16 000 元，社会保险费支出 107 000 元。

（2）销售费用中实际发生广告费 250 000 元。

（3）管理费用中实际发生业务招待费 118 000 元。

（4）营业外支出中实际发生非公益性捐赠 2 000 元。

（5）投资收益中收到投资的居民企业分配的股息 5 000 元。

（6）2013 年尚未弥补以前年度亏损 3 500 元。

（7）没有以前年度累计结转的广告费和业务宣传费；没有以前年度累计结转的职工教育经费支出；固定资产折旧和无形资产摊销符合税法规定。

（8）2013 年已预缴企业所得税 228 000 元。

要求：

（1）根据 2013 年利润表和纳税调整事项，计算该公司 2013 年度纳税调整金额、应纳税所得额、应纳所得税额、应补（退）的所得税额；

（2）根据计算结果，填写纳税调整项目明细表（见表 4-33）、企业所得税年度纳税申报表（见表 4-34）。

表 4-33　　企业所得税年度纳税申报表附表三

纳税调整项目明细表

填报时间：　　年　月　日　　　　　　　　　　　　金额单位：元（列至角分）

行次	项　目	账载金额	税收金额	调增金额	调减金额
		1	2	3	4
1	一、收入类调整项目	*	*		
2	1. 视同销售收入（填写附表一）	*	*		*
3	2. 接受捐赠收入	*			*
4	3. 不符合税收规定的销售折扣和折让				*
5	4. 未按权责发生制原则确认的收入				
6	5. 按《权益法》核算长期股权投资对初始投资成本调整确认收益	*	*	*	
7	6. 按《权益法》核算的长期股权投资持有期间的投资损益	*	*		
8	7. 特殊重组				
9	8. 一般重组				
10	9. 公允价值变动净收益（填写附表七）	*	*		
11	10. 确认为递延收益的政府补助				
12	11. 境外应税所得（填写附表六）	*	*	*	
13	12. 不允许扣除的境外投资损失	*	*		*
14	13. 不征税收入（填写附表一[3]）	*	*	*	
15	14. 免税收入（填写附表五）	*	*	*	
16	15. 减计收入（填写附表五）	*	*	*	
17	16. 减、免税项目所得（填写附表五）	*	*	*	
18	17. 抵扣应纳税所得额（填写附表五）	*	*	*	
19	18. 其他				
20	二、扣除类调整项目	*	*		
21	1. 视同销售成本（填写附表二）	*	*	*	
22	2. 工资薪金支出				
23	3. 职工福利费支出				
24	4. 职工教育经费支出				
25	5. 工会经费支出				
26	6. 业务招待费支出				*

续表

行次	项　　目	账载金额	税收金额	调增金额	调减金额
		1	2	3	4
27	7. 广告费和业务宣传费支出（填写附表八）	*	*		
28	8. 捐赠支出				*
29	9. 利息支出				*
30	10. 住房公积金				*
31	11. 罚金、罚款和被没收财物的损失		*		*
32	12. 税收滞纳金		*		*
33	13. 赞助支出		*		*
34	14. 各类基本社会保障性缴款				
35	15. 补充养老保险、补充医疗保险				
36	16. 与未实现融资收益相关在当期确认的财务费用				
37	17. 与取得收入无关的支出		*		*
38	18. 不征税收入用于支出所形成的费用		*		*
39	19. 加计扣除（填附表五）	*	*	*	
40	20. 其他				
41	三、资产类调整项目	*	*		
42	1. 财产损失				
43	2. 固定资产折旧（填写附表九）	*	*		
44	3. 生产性生物资产折旧（填写附表九）	*	*		
45	4. 长期待摊费用的摊销（填写附表九）	*	*		
46	5. 无形资产摊销（填写附表九）	*	*		
47	6. 投资转让、处置所得（填写附表十一）		*		
48	7.油气勘探投资(填写附表九)	*			
49	8.油气开发投资(填写附表九)				
50	9. 其他				
51	四、准备金调整项目（填写附表十）	*	*		
52	五、房地产企业预售收入计算的预计利润	*	*		
53	六、特别纳税调整应税所得	*	*		*
54	七、其他	*	*		
55	合　　计	*	*		

经办人（签章）：　　　　　　　　　　法定代表人（签章）：

表 4-34　　中华人民共和国企业所得税年度纳税申报表（A 类）

税款所属期间：　　年　月　日至　　年　月　日

纳税人名称：

纳税人识别号：　　　　　　　　　　　　　　　　　　　金额单位：元（列至角分）

类别	行次	项　目	金　额
利润总额计算	1	一、营业收入（填写附表一）	
	2	减：营业成本（填写附表二）	
	3	营业税金及附加	
	4	销售费用（填写附表二）	
	5	管理费用（填写附表二）	
	6	财务费用（填写附表二）	
	7	资产减值损失	
	8	加：公允价值变动收益	
	9	投资收益	
	10	二、营业利润	
	11	加：营业外收入（填写附表一）	
	12	减：营业外支出（填写附表二）	
	13	三、利润总额（10＋11－12）	
应纳税所得额计算	14	加：纳税调整增加额（填写附表三）	
	15	减：纳税调整减少额（填写附表三）	
	16	其中：不征税收入	
	17	免税收入	
	18	减计收入	
	19	减、免税项目所得	
	20	加计扣除	
	21	抵扣应纳税所得额	
	22	加：境外应税所得弥补境内亏损	
	23	纳税调整后所得（13＋14–15＋22）	
	24	减：弥补以前年度亏损（填写附表四）	
	25	应纳税所得额（23–24）	
应纳税额计算	26	税率（25%）	
	27	应纳所得税额（25×26）	
	28	减：减免所得税额（填写附表五）	
	29	减：抵免所得税额（填写附表五）	
	30	应纳税额（27－28－29）	
	31	加：境外所得应纳所得税额（填写附表六）	
	32	减：境外所得抵免所得税额（填写附表六）	

续表

类别	行次	项　目	金　额
应纳税额计算	33	实际应纳所得税额（30＋31－32）	
	34	减：本年累计实际已预缴的所得税额	
	35	其中：汇总纳税的总机构分摊预缴的税额	
	36	汇总纳税的总机构财政调库预缴的税额	
	37	汇总纳税的总机构所属分支机构分摊的预缴税额	
	38	合并纳税（母子体制）成员企业就地预缴比例	
	39	合并纳税企业就地预缴的所得税额	
	40	本年应补（退）的所得税额（33－34）	
附列资料	41	以前年度多缴的所得税额在本年抵减额	
	42	以前年度应缴未缴在本年入库所得税额	

纳税人公章： 经办人： 申报日期：　　年　月　日	代理申报中介机构公章： 经办人及执业证件号码： 代理申报日期：　　年　月　日	主管税务机关受理专用章： 受理人： 受理日期：　　年　月　日

模块5 其他税种的核算和申报

本模块主要介绍城市维护建设税（以下简称“城建税”）、教育费附加、房产税、印花税及车船税等小税种的核算和申报，如图 5-1 所示。这些小税种虽然税款金额较小，但却是对国家主体税种不可缺少的补充。它们征税范围广泛，具有重要的财政收入及经济调节效应。

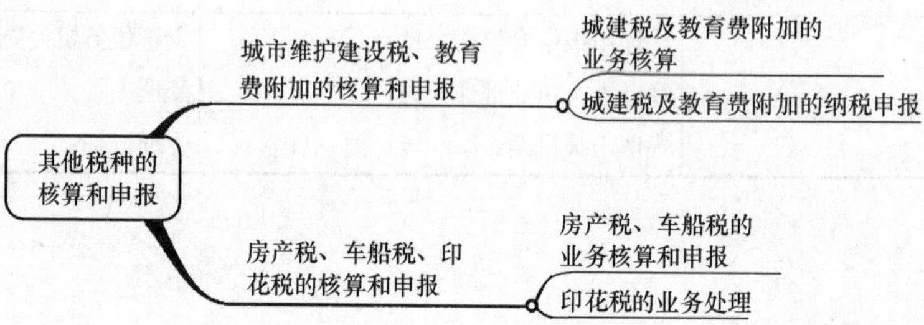

图 5-1　其他税种学习导航图

项目 1　城市维护建设税和教育费附加的核算和申报

学习目标

1. 能根据流转税计算应缴的城市维护建设税和教育费附加
2. 会办理城市维护建设税和教育费附加的纳税申报、会计业务核算
3. 养成严谨的职业素养，具备对数据进行逻辑分析、判断的能力

知识引导

1. 城市维护建设税概述

（1）城市维护建设税的概念。城市维护建设税，简称城建税，是对从事工商经营，缴

纳增值税、消费税、营业税（以下简称“三税”）的单位和个人征收的一种附加税。该税收收入由国家专门用于城市公用事业和公共设施的建设与维护。

（2）城建税的征收范围。城建税的征收范围包括城市、县城、建制镇、工矿区。

（3）城建税的纳税人。根据《中华人民共和国城市维护建设税暂行条例》的规定，凡缴纳增值税、消费税、营业税的单位和个人，为城建税的纳税人。

不论国有企业、集体企业、私营企业、个体工商户，以及其他单位、个人，只要缴纳了增值税、消费税、营业税中的任何一种，都必须同时缴纳城建税。

（4）城建税的税率。根据《中华人民共和国城市维护建设税暂行条例》及《实施细则》有关规定，城建税是根据城市维护建设资金的不同层次的需要而设计的，实行分区域的差别比例税率，即按纳税人所在城市、县城或镇等不同的行政区域分别规定不同的税率比例。具体规定如表 5-1 所示。

表 5-1　　城建税税率表

纳税人所在地	税　率
城市市区	7%
县城、建制镇	5%
不在市区、县城或建制镇	1%

（5）城建税的计算。城建税的计税依据是纳税人实际缴纳的增值税、消费税、营业税税额，不包括税收的滞纳金和罚款，纳税人被查补缴的“三税”和被处以罚款时，应同时对其偷漏税款中的城建税进行补税、征收滞纳金和罚款。城建税计算公式如下：

应纳城建税额=实际缴纳的增值税、消费税、营业税的合计税额×适用税率

例 1　清河公司 2013 年 11 月实际缴纳增值税 50 000 元，营业税 20 000 元，消费税 40 000 元。该公司适用城建税税率为 7%。计算该公司应缴纳的城建税。

【解析】

应纳城建税额=（50 000+20 000+40 000）×7%=7 700（元）

（6）城建税的纳税期限。由于城建税是由纳税人在缴纳“三税”时同时缴纳的，所以其纳税期限分别与“三税”的纳税期限一致。

2. 教育费附加

（1）教育费附加的概念。教育费附加是以单位和个人实际缴纳的增值税、消费税、营业税税额为计算依据征收的一项政府性基金。

教育费附加的征收目的是为了加快发展地方教育事业，扩大地方教育经费的资金来源。它没有独立的征收对象，是以各单位和个人实际缴纳的增值税、营业税、消费税的税额为计算依据征收的一种附加费。

（2）教育费附加的纳税人。教育费附加的征收范围、纳税义务人、计算依据与城建税的规定相同。（注：自 2010 年 12 月 1 日起，外商投资企业、外国企业及外籍个人适

用国务院1985年发布的《中华人民共和国城市维护建设税暂行条例》和1986年发布的《征收教育费附加的暂行规定》。1985年及1986年以来国务院及国务院财税主管部门发布的有关城建税和教育费附加的法规、规章、政策同时适用于外商投资企业、外国企业及外籍个人。）

（3）教育费附加的征收率。教育费附加的征收率为3%，适用于缴纳增值税、营业税、消费税的单位和个人。

（4）教育费附加的计算。

应缴教育费附加=实际缴纳的增值税、消费税、营业税的合计税额×征收率

例2 清河公司2013年11月实际缴纳增值税50 000元、营业税20 000元、消费税40 000元。计算该公司应缴纳的教育费附加。

【解析】

应缴教育费附加=（50 000+20 000+40 000）×3%=3 300（元）

（5）教育费附加的纳税期限。由于教育费附加是由纳税人在缴纳“三税”时同时缴纳的，所以其纳税期限分别与“三税”的纳税期限一致。

知识拓展

地方教育费附加

地方教育费附加是各地方政府根据国家有关规定，为增加当地教育资金的投入，促进当地教育事业的发展，开征的一项政府性基金。

按照地方教育费附加使用管理规定，凡缴纳增值税、消费税、营业税的单位和个人，都应按规定缴纳地方教育费附加。

地方教育费附加以单位和个人实际缴纳的增值税、消费税、营业税的税额为计征依据，与增值税、消费税、营业税同时计算征收。

2011年7月1日发布的《国务院关于进一步加大财政教育投入的意见》要求全面开征地方教育费附加，各地区要加强收入征管，依法足额征收，不得随意减免。地方教育费附加征收标准统一为单位和个人实际缴纳的增值税、营业税和消费税税额的2%。已经报财政部审批且征收标准低于2%的省份，应将地方教育费附加的征收标准调整为2%。

应缴地方教育费附加=（增值税+消费税+营业税）×2%

3. 城建税和教育费附加业务核算设置的账户

企业在“应缴税费”一级科目下设置“应缴城建税”、“应缴教育费附加”两个明细科目，设置“营业税金及附加”账户，核算相关税费业务。

企业按规定计提应缴城建税、教育费附加时，借记“营业税金及附加”账户，贷记“应缴税费”账户。企业缴纳税费时，借记“应缴税费”账户，贷记“银行存款”账户。

任务1　城建税及教育费附加的业务核算

任务描述

滨海市百里香酒业有限公司适用城建税税率为 7%、教育费附加征收率为 3%。2013 年 11 月发生以下涉税业务，请进行会计核算。

【业务 1】5 日，收到银行转来滨海市地税局的电子缴税回单（略），缴纳城建税 22 980.709 元，教育费附加 9 848.87 元。

【业务 2】30 日，根据滨海市百里香酒业有限公司 11 月份“应缴税费”账户资料（见表 5-2），计提本月应缴的城建税及教育费附加。

表 5-2　滨海市百里香酒业有限公司 11 月份“应缴税费”账户资料

账 户 名 称	期 末 余 额
未缴增值税	122 675.30
应缴消费税	67 954.30
应缴营业税	87 360.00

任务指导

该公司按如下工作步骤进行 11 月城建税及教育费附加业务核算工作。

【步骤 1】缴纳税款的核算。

根据取得的电子缴税回单，进行相关会计处理，编制记账凭证，如表 5-3 所示。

表 5-3　简易记账凭证

<table>
<tr><th rowspan="2">日 期</th><th colspan="2">凭证</th><th rowspan="2">摘　要</th><th rowspan="2">会计分录</th><th rowspan="2">附件</th></tr>
<tr><th>字</th><th>号</th></tr>
<tr><td>5 日</td><td></td><td>略</td><td>缴纳上月城建税、教育费附加</td><td>借：应缴税费——应缴城建税　22 980.70
　　应缴税费——应缴教育费附加　9 848.87
　　贷：银行存款　32 829.57</td><td>1</td></tr>
</table>

【步骤 2】计算应缴纳的税款。

通过“应缴税费——未缴增值税”、“应缴税费——应缴消费税”、“应缴税费——应缴营业税”等账簿记录，可计算出城建税、教育费附加的计税依据。月末，根据应缴纳的“三税”计算本月应缴纳的城建税、教育费附加，填写税费计算表，如表 5-4 所示。

表 5-4 **税费计算表**

2013 年 11 月 30 日 金额单位：元

税（费）种	计税基数	税（费）率	税（费）额	备注
城建税	277 989.60	7%	19 459.27	
教育费附加	277 989.60	3%	8 339.69	
合计			27 798.96	

复核：夏 添 制表：冯东灵

【**步骤 3**】计提税费的核算。

月末，根据税费计算表，编制以下记账凭证，如表 5-5 所示。

表 5-5 **简易记账凭证**

日期	凭证		摘要	会计分录	附件
	字	号			
30 日		略	计提本月城建税及教育费附加	借：营业税金及附加 27 798.96 贷：应缴税费——应缴城建税 19 459.27 ——应缴教育费附加 8 339.69	1

任务2 城建税、教育费附加的纳税申报

任务描述

2013 年 12 月 6 日，滨海市百里香酒业有限公司申报 11 月份的城建税、教育费附加。

任务指导

【**步骤 1**】计算应缴纳的城建税、教育费附加。

根据税务机关规定，在纳税申报表中分别计算不同税种的城建税和教育费附加。

根据增值税计算的应缴城建税=122 675.30×7%=8 587.27（元）

根据增值税计算的应缴教育费附加=122 675.30×3%=3 680.26（元）

根据消费税计算的应缴城建税=67 954.30×7%=4 756.80（元）

根据消费税计算的应缴教育费附加=67 954.30×3%=2 038.63（元）

根据营业税计算的应缴城建税=87 360.00×7%=6 115.20（元）

根据营业税计算的应缴教育费附加=87 360.00×3%=2 620.80（元）

【**步骤 2**】填写纳税申报表。

纳税人根据计算结果填写《地方税收纳税申报表（综合）》，如表 5-6 所示。

表 5-6

地方税收纳税申报表（综合）

填表日期：2013 年 12 月 06 日

纳税人税务登记号：340104330663123　　　　纳税人电脑编码：

正常申报☑　自行补报☐　稽查自查申报☐　延期申报☐　　　　计算单位：元（列至角分）· m²· 本 · 份 · 吨

纳税人名称（盖章）	滨海市百里香酒业有限公司					注册地址	滨海市沿江二路 1 号					注册类型	有限责任公司	
开户银行	[illegible]沿江支行					账号	1246248972				联系电话	83340415	邮政编码	505095
征收项目	征收品目	税费子目代码	税款所属时期	申报计税总额或总数量	允许扣除金额或数量	计税金额或数量	税（征收）率（单位税额）	速算扣除额	应纳税（费）额	扣除税(费)额 批准减免额	扣除税(费)额 批准免缴额	实际应缴纳税（费）额	税务机关已核定额	车牌号码及类型或房产、土地证号或项目管理码
1	2	3	4	5	6	7	8	9	10	11	12	13	14	15
城市维护建设税			2013.11.01~2013.11.30	122 675.30		122 675.30	7%		8 587.27			8 587.27		
教育费附加			2013.11.01~2013.11.30	122 675.30		122 675.30	3%		3 680.26			3 680.26		
城市维护建设税			2013.11.01~2013.11.30	67 954.30		67 954.30	7%		4 756.80			4 756.80		
教育费附加			2013.11.01~2013.11.30	67 954.30		67 954.30	3%		2 038.63			2 038.63		
城市维护建设税			2013.11.01~2013.11.30	87 360.00		87 360.00	7%		6 115.20			6 115.20		
教育费附加			2013.11.01~2013.11.30	87 360.00		87 360.00	3%		2 620.80			2 620.80		
合计									27 798.96			27 798.96		

房产税附列资料	房产建筑面积	m²	本期房产原值							租金收入	
			本期实际房产原值		从价计税的房产原值		从租计税的房产原值		批准减免税的房产原值		

如纳税人填报，由纳税人填写以下各栏				如委托代理人填报，由代理人填写以下各栏					
纳税人声明：此纳税申报表是根据国家税收法律的规定填报的，我确信它是真实的、可靠的、完整的。 声明人签名：顾明伟				代理人声明：此纳税申报表是根据国家税收法律的规定填报的，我确信它是真实的、可靠的、完整的。 声明人签名：					
主管会计	夏添	经办人	冯冬灵	税务代理机构名称		税务代理机构地址		经办人	
由税务机关填写		受理人签名：　　年　月　日		审核人签名：　　年　月　日				录入人签名：　　年　月　日	

【步骤 3】纳税申报。

纳税人可选择网上申报或上门申报方式进行纳税申报。各地税务机关对申报表提交的方式要求不尽相同，下面介绍通过网上报税系统提交纳税申报资料的操作过程。

（1）纳税人登录税务机关网站的“网上办税大厅”后，选择“纳税申报”菜单，在“纳税申报”页面中（见图 5-2）选择“综合申报”进行纳税申报。

图 5-2　纳税申报页面

（2）输入数据。电子报税系统的综合纳税申报表和纸质纳税申报表的内容大致相同。纳税人在“综合纳税申报表”页面（见图 5-3）的“申报计税总额或总数量”、“允许扣除金额或数量”栏目上输入数据。

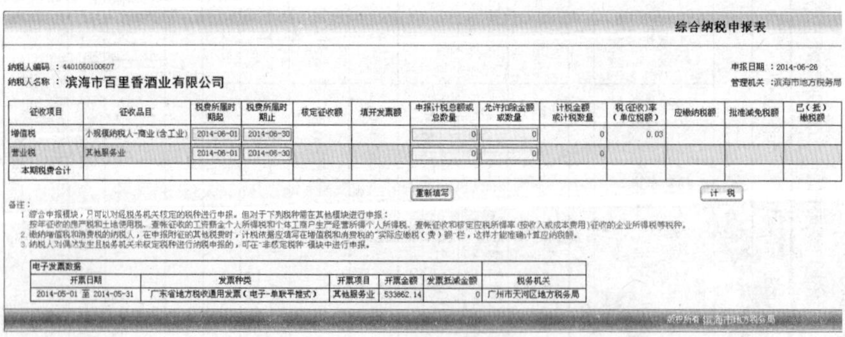

图 5-3　“综合纳税申报表”页面

（3）计税和提交。数据输入后，单击“综合纳税申报表”下面的“计税”按钮，系统自动计算生成数据。完成计税后的“综合纳税申报表”如图 5-4 所示。纳税人仔细核对申报表无误后，单击“提交”按钮，提交申报数据，系统将出现申报成功的提示信息，如图 5-5 所示。

广东省地方税收纳税申报表（综合）（网络申报）

税务登记号 ：440106070184159
正常申报□ 自查补报□ 被查补报□ 延期申报预缴□
申报日期 ：2014-06-09
纳税人编码 ：4401060100607
纳税人分类号 ：
申报流水号 ：20140606575998319
管理机关 ：
计算单位 ：元（列至角分）·平方米·本·份·吨

纳税人名称	滨海市百里香酒业有限公司			注册地址					注册类型			私营有限责任公司	
开户银行	工行沿江支行			帐号		38650188000090584		联系电话	18666620918			邮政编码	510600
征收项目	征收品目	税费所属时期起	税费所属时期止	申报计税总额或总数量	允许扣除金额或数量	计税金额或计税数量	税(征收)率（单位税额）	速算扣除额	应缴纳税额	累计补缴金额	批准减免税额	已（抵）缴税额	实际应缴税(费)额
地方教育附加	地方教育附加(一般)	2014-05-01	2014-05-31	26693.11	0.00	26693.11	0.02	0.00	533.86	0.00	0.00	0.00	533.86
教育费附加收入	城镇	2014-05-01	2014-05-31	26693.11	0.00	26693.11	0.03	0.00	800.79	0.00	0.00	0.00	800.79
城市维护建设税	所在地为市区的城建税	2014-05-01	2014-05-31	26693.11	0.00	26693.11	0.07	0.00	1868.52	0.00	0.00	0.00	1868.52
营业税	其他服务业	2014-05-01	2014-05-31	533862.14	0.00	533862.14	0.05	0.00	26693.11	0.00	0.00	0.00	26693.11
地方教育附加	地方教育附加(一般)	2014-05-01	2014-05-31	0.00	0.00	0.00	0.02	0.00	0.00	0.00	0.00	0.00	0.00
教育费附加收入	城镇	2014-05-01	2014-05-31	0.00	0.00	0.00	0.03	0.00	0.00	0.00	0.00	0.00	0.00
城市维护建设税	所在地为市区的城建税	2014-05-01	2014-05-31	0.00	0.00	0.00	0.07	0.00	0.00	0.00	0.00	0.00	0.00
增值税	小规模纳税人-商业(含工业)	2014-05-01	2014-05-31	0.00	0.00	0.00	0.03	0.00	0.00	0.00	0.00	0.00	0.00
本期税费合计				613941.47	0.00			0.00	29896.28	0.00	0.00	0.00	29896.28
房产税附列资料	房产建筑面积		本期实际房产原值		本期从价计税的房产原值		本期从租计税的房产原值		本期批准减免税的房产原值			本期租金收入	

如纳税人填报，由纳税人填写以下各栏
纳税人声明：此纳税申报表是根据国家税收法律的规定填报，我确定它是真实的、可靠的、完整的。
声明人签名：
主管会计　　经办人
如委托人填报，由委托人填写以下各栏
代理人声明：此纳税申报表是根据国家税收法律的规定填报，我确定它是真实的、可靠的、完整的。
声明人签名：
税务代理机构（盖章）　　电话　　经办人
由税务机关填写　受理人：　年　月　日　审核人：　年　月　日　录入人：　年　月　日
打 印　关 闭

图 5-4　完成计算后的“综合纳税申报表”页面

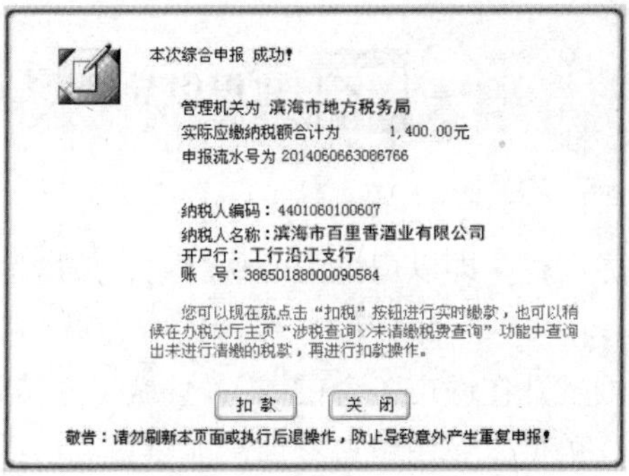

图 5-5　纳税申报成功的提示信息

【**步骤 4**】缴税。

缴纳税款前，纳税人必须确认其银行账户有足够的存款。

采用上门申报、提交纸质纳税申报资料的，税务机关审核纳税申报资料正确无误后，从纳税人的银行账户中扣除税款。

通过网上报税系统申报的，纳税人在“纳税申报成功”页面，单击“扣款”按钮，即可完成缴税。系统将出现扣款成功的提示信息，如图 5-6 所示。

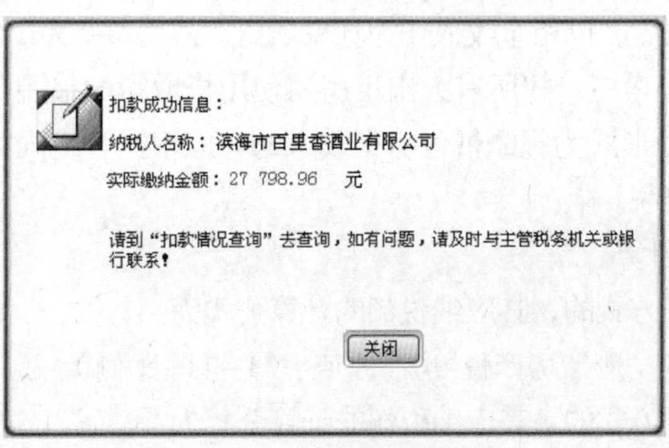

图 5-6　扣款成功的提示信息

项目2 房产税、车船税、印花税的核算和申报

学习目标

1. 能计算应缴纳的房产税、车船税，能办理纳税申报和进行会计业务核算
2. 会计算应缴纳的印花税，会购买印花税票和进行会计业务核算
3. 养成严谨的职业素养，具备对数据进行逻辑分析、判断的能力

知识引导

1. 房产税

（1）房产税的概念。房产税，即以房屋为征税对象，按房价或出租租金收入，向房产所有人征收的一种财产税。

（2）房产税的征税范围。凡在城市（含市郊）、县城（含镇郊）、建制镇、工矿区范围内拥有、使用房产的企业、单位以及出租自有房产或将自有房产用于营业的个人都应该依法进行纳（免）税申报。

（3）房产税的纳税人。房产税是财产税性质的一种税。《房产税暂行条例》规定，房产税由产权所有人缴纳。

（4）房产税的计算。

① 房产税的计税依据和税率。房产税的计税办法分为按计税余值计税和按租金收入计税两种。

一是对经营自用的房屋，以房产的计税余值作为计税依据，适用税率为1.2%。

计税余值是指依照《税法》规定按房产原值一次性减除10%～30%的耗损价值后的余额。

二是对于出租的房屋，以租金收入作为计税依据，适用税率为12%。

房屋的租金收入是房屋产权所有人出租房屋使用权取得的报酬，包括货币收入和实物收入。对以劳务或其他形式为报酬抵付房租收入的，应根据当地同类房屋租金水平，确定租金标准依率计征房产税。

② 应纳房产税的计算。

一是采用从价计征方式的，其应纳税额的计算公式为：

应缴房产税=房产原值×（1–扣除比例）×税率

二是采用从租计征方式的，其应纳税额的计算公式为：

应缴房产税=租金收入×税率

例 1　2013 年，清河公司自有房产原值为 2 000 万元，当地政府规定按房产原值一次性减除 30%后的余值计税。计算该公司年应缴纳的房产税税额。

【解析】

应缴房产税=2 000×（1–30%）×1.2%=16.8（万元）

例 2　清海公司拥有楼房一栋共十层，其中八层自用，房产价值 5 000 万元；另两层出租，房产价值 1 000 万元，每月租金 6 万元。当地政府规定按房产原值一次性扣除 30%后的余值计税。计算该公司年应缴纳的房产税。

【解析】

① 自营用房产应缴房产税=5 000×（1–30%）×1.2%=42（万元）

② 出租房产应缴房产税=6×12×12%=8.64（万元）

年应纳房产税额=42+8.64=50.64（万元）

（5）房产税的纳税地点和纳税期限。房产税由纳税人向房产所在地税务机关缴纳，按年征收，分期缴纳。具体纳税期限由省、自治区、直辖市人民政府规定。

房产不在一地的纳税人，应按房产的坐落地点，分别向房产所在地的税务机关缴纳房产税。

（6）房产税业务核算设置的账户。企业在“应缴税费”科目下设置“应缴房产税”明细科目。企业按规定计算出应缴的房产税，借记“管理费用”、“营业税金及附加”（核算投资性房地产应纳房产税时运用）账户，贷记“应缴税费——应缴房产税”账户。企业缴纳房产税时，借记“应缴税费——应缴房产税”账户，贷记“银行存款”账户。

例 3　清河公司 2013 年计算并缴纳房产税 50.64 万元，对房产税业务做出相关会计处理。

【解析】

① 计提房产税的会计分录如下。

借：管理费用　　506 400

　　贷：应缴税费——应缴房产税　　506 400

② 缴纳房产税的会计分录如下。

借：应缴税费——应缴房产税　　506 400

　　贷：银行存款　　506

知识拓展

实施《小企业会计准则》的企业“营业税金及附加”核算的是小企业开展日常生产经营活动应负担的消费税、营业税、城市维护建设税、资源税、土地增值税、城镇土地使用税、房产税、车船税、印花税、教育费附加、矿产资源补偿费、排污费等。

2. 车船税

（1）车船税的概念。车船税是指国家以车船为征税对象，对行驶于境内公共道路的车辆和航行于境内河流、湖泊或者领海的船舶，对拥有车船的单位和个人征收的一种税。

（2）车船税的征收范围。车船税的征税范围是指依法应当在我国车船管理部门登记的车船（除免税的车船外），包括应税车辆和应税船舶。

应税车辆包括机动车辆和非机动车辆。机动车辆包括乘人汽车、载货汽车、拖拉机、无轨电车等；非机动车辆包括三轮车、自行车、畜力驾驶车。

应税船舶包括机动船舶和非机动船舶。机动船舶包括客轮、货船、气垫船等；非机动船舶包括木船、帆船、舢板等。

（3）车船税的纳税人。车船税的纳税义务人是指在我国境内车船的所有者或管理者。

（4）车船税的税率。根据《中华人民共和国车船税法实施条例》，车船税的税目和税额如表5-7所示。

表5-7　　车船税税目税额表

税目	标准	年基准税额（元）	计税单位	备注
乘用车按发动机汽缸容量(排气量)分档	1.0升(含)以下的	60～360	每辆	核定载客人数9人（含）以下
	1.0升以上至1.6升(含)的	360～660		
	1.6升以上至2.0升(含)的	660～960		
	2.0升以上至2.5升(含)的	960～1 620		
	2.5升以上至3.0升(含)的	1 620～2 460		
	3.0升以上至4.0升(含)的	2 460～3 600		
	4.0升以上的	3 600～5 400		
商用车	客车	480～1 440	每辆	核定载客人数9人以上，包括电车
	货车	16～120	整备质量每吨	1.包括半挂牵引车、挂车、客货两用车、三轮汽车和低速运载汽车。 2.挂车按照货车税额的50%计算
其他车辆	专用作业车	16～120	整备质量每吨	不包括拖拉机
	轮式专用机械车	16～120	整备质量每吨	
摩托车		36～180	每辆	
船舶	机动船舶	3～6	净吨位每吨	拖船、非机动驳船分别按照机动船舶税额的50%计算；游艇税务税额另行规定
	游艇	600～2 000	艇身长度每米	

（5）车船税的计税依据。

① 载客汽车、电车、摩托车，以每辆为计税依据。

② 载货汽车、三轮汽车、低速货车，按自重每吨为计税依据。

③ 船舶，按净吨位每吨为计税依据。

（6）应缴车船税的计算。

① 载客汽车、摩托车。

$$年应缴税额=应缴税车辆数\times适用税额$$

② 载货汽车、专项作业车、三轮汽车、低速货车。

年应缴税额 = 应缴税车辆自重吨数×适用税额

③ 船舶。

年应缴税额 = 应缴税船舶净吨位数×适用税额

④ 购置的新车船，购置当年的应纳税额自纳税义务发生的当月起按月计算。

应缴税额 = 年应缴税额÷12×应缴税月份数

例 4 2013 年，清河公司拥有乘人大客车 2 辆，中型客车 3 辆，小客车 5 辆；拥有载货汽车 3 辆（自重吨位都为 5 吨）；拥有机动船 10 艘，船只的净吨位均为 600 吨；5 月，公司购入新货车 3 辆（自重吨位均为 10 吨）。当地政府规定：大客车每辆年税额 600 元，中型客车每辆年税额 480 元，小客车每辆年税额 420 元；载货汽车每吨税额 96 元；净吨位小于 2 000 吨的机动船舶，适用税额为 4 元/吨。

【解析】

客车年应缴车船税 = 2×600+3×480+5×420 = 4 740（元）

货车年应缴车船税 = 3×5×96 = 1 440（元）

船舶年应缴车船税 = 10×600×4 = 24 000（元）

新购货车应缴车船税 =（3×10×96）÷12×8 = 1 920（元）

年应缴车船税额合计 = 4 740+1 440+24 000+1 920 = 32 100（元）

（7）车船税的纳税地点和纳税期限。

① 纳税期限。车船税按年申报缴纳。纳税年度自公历 1 月 1 日起至 12 月 31 日止。具体申报纳税期限由省、自治区、直辖市人民政府确定。

② 纳税地点。车船税的纳税地点为车船的登记地或者车船税扣缴义务人所在地。依法不需要办理登记的车船，车船税的纳税地点为车船的所有人或者管理人所在地。

跨省、自治区、直辖市使用的车船，纳税地点为车船的登记地。

（8）车船税业务核算设置的账户。企业设置“应缴税费——应缴车船税”账户，用以反映车船税的计提和缴纳情况，同时，将计提的车船税计入“管理费用”账户。缴纳车船税时，借记“应缴税费——应缴车船税”账户，贷记“银行存款”账户。

例 5 接例 4，清河公司对计提、缴纳的车船税业务做出会计处理。

【解析】

① 计提车船税的会计分录如下。

借：管理费用　　　　　　　　32 100

　　贷：应缴税费——应缴车船税　　　　32 100

② 缴纳车船税的会计分录如下。

借：应缴税费——应缴车船税　　　　32 100

　　贷：银行存款　　　　　　　　32 100

3. 印花税

（1）印花税的概念。印花税是对经济活动和经济交往中书立、使用、领受具有法律效力的应税凭证的单位和个人征收的一种行为税。

（2）印花税的征税范围。现行印花税是对《中华人民共和国印花税暂行条例》（以下简称《印花税暂行条例》）列举的正式凭证征税，没有列举的凭证不征税。

列举正式的凭证分为五个类别，具体征税范围如下。

一是经济合同，包括购销、加工承揽、建设工程勘察设计、建筑安装工程承包、财产租赁、货物运输、仓储保管、借款、财产保险、技术合同或者具有合同性质的凭证。

二是产权转移书据，包括财产所有权、版权、商标专用权、专利权、专有技术使用权共五项产权的转移书据。

三是营业账簿，包括资金账簿和其他营业账簿两类。

四是权利、许可证照，包括政府部门发的房屋产权证、工商营业执照、商标注册证、专利证、土地使用证。

五是经财政部确定征税的其他凭证。

（3）印花税的纳税人。凡在我国境内书立、领受《中华人民共和国印花税暂行条例》所列举凭证的单位和个人都是印花税的纳税义务人。

上述所指的单位和个人是指国内各类企业、事业、机关、团体、部队以及中外合资企业、合作企业、外资企业、外国公司企业和其他经济组织及其在华机构等单位和个人。

根据书立、领受应纳税凭证的不同，其纳税人可分别为：立合同人、立账簿人、立据人、领受人。如果同一凭证由两方或者两方以上当事人签订并各执一份的，应当由各方就所执的一份各自全额贴花。

纳税人应是对凭证有直接权利义务关系的单位和个人，不包括保人、证人、鉴定人。

（4）印花税的计税依据及税率。印花税的计税依据是各种应税凭证记载的金额或数量，印花税的税率有比例税率和定额税率两种形式。具体规定如表 5-8 所示。

表 5-8　　印花税税目税率表

项　目	范　围	计税依据	税　率	纳税义务人	说　明
购销合同	包括供应、预购、采购、购销结合及协作、调剂、补偿、易货等合同	购销金额	0.3‰	立合同人	
加工承揽合同	包括加工、定做、修缮、修理、印刷、广告、测绘、测试等合同	加工或承揽收入	0.5‰	立合同人	
建设工程勘察设计合同	包括勘察、设计合同	收取费用	0.5‰	立合同人	
建设安装工程承包合同	包括建筑、安装工程承包合同	承包金额	0.3‰	立合同人	
财产租赁合同	包括租赁房屋、船舶、飞机、机动车辆、机械、器具、设备等合同	租赁金额	1‰（税额不足 1 元的按 1 元计）	立合同人	

续表

项　目	范　围	计税依据	税　率	纳税义务人	说　明
货物运输合同	包括民用航空、铁路运输、海上运输、内河运输、公路运输和联运合同	运输费用	0.5‰	立合同人	单据作为合同使用的，按合同贴花
仓储保管合同	包括仓储、保管合同	仓储保管费用	1‰	立合同人	仓单或栈单作为合同使用的，按合同贴花
借款合同	银行及其他金融组织和借款人（不包括银行同业拆借）所签订的借款合同	借款金额	0.05‰	立合同人	单据作为合同使用的，按合同贴花
财产保险合同	包括财产、责任、保证、信用等保险合同	保险费收入	1‰	立合同人	单据作为合同使用的，按合同贴花
技术合同	包括技术开发、转让、咨询、服务等合同	所载金额	0.3‰	立合同人	
产权转移书据	包括财产所有权和版权、商标专用权、专利权、专有技术使用权等转移书据、土地使用权出让合同、土地使用权转让合同、商品房销售合同	所载金额	0.5‰	立据人	
营业账簿	资金账簿	实收资本与资本公积合计金额	0.5‰	立账簿人	
	其他账簿	件	5元		
权利、许可证照	包括政府部门发给的房屋产权证、工商营业执照、商标注册证、专利证、土地使用证	件	5元	领受人	

（5）印花税的减免规定。根据《印花税暂行条例》及实施细则和其他有关税法的规定，下列凭证免纳印花税。

① 已缴纳印花税的凭证副本或抄本。

② 财产所有人将财产赠给政府、社会福利单位、学校书立的书据。

③ 国家指定的收购部门与村民委员会、农民个人书立的农副产品收购合同。

④ 无息、贴息贷款合同。

⑤ 外国政府或国际金融组织向我国政府及国家金融机构提供优惠贷款书立的合同。

⑥ 房地产管理部门与个人签订的用于生活居住的租赁合同。

⑦ 经财政部批准免税的其他凭证。

（6）应缴印花税的计算

① 按比例税率计算应缴税额的方法。

$$应缴印花税=计税金额\times适用税率$$

② 按件定额计算应缴税额的方法。

应缴印花税 = 凭证数量×单位税额

应缴税额不足 1 角的，免纳印花税。应缴税额在 1 角以上的，其税额尾数不满 5 分的不计，满 5 分的按 1 角计算缴纳。

例 6 2013 年 1 月，清河公司订立产品购销合同 3 份，共记载金额为 680 万元；借款合同 2 份，共记载金额 150 万元；领受商标注册证、房产证、土地使用证、售房许可证各 1 件；开设账簿 13 本，其中记载“实收资本”和“资本公积”的账簿 1 本，记载的金额分别为 1 000 万元和 80 万元。试计算该公司应缴纳的印花税。

【解析】

订立购销合同应缴税额=6 800 000×0.3‰=2 040（元）

订立借款合同应缴税额=1 500 000×0.05‰=75（元）

领受证照应缴税额=5×4 = 20（元）

记载资金性质账簿应缴税额 =（10 000 000+800 000）×0.5‰ = 5 400（元）

其他账簿应缴税额 =（13−1）×5 = 60（元）

该公司应缴印花税税额 = 2 040+75+20+5 400+60 = 7 595（元）

（7）印花税业务核算设置的账户。纳税人缴纳印花税一般是通过向税务机关购买印花税票（见图 5-7），粘贴在应税凭证上的方式实现的。

图 5-7 不同面额的印花税票

印花税的纳税期限（贴花时间）是根据凭证种类分别确定的。对各种商事合同，应于合同正式签订时贴花；对各种产权转移书据，应于书据立据时贴花；对各种营业账簿，应于账簿正式启用时贴花；对各种权利、许可证照，应于证照领受时贴花。

企业购买印花税票时计入资产成本或当期费用，借记“固定资产”、“无形资产”、“管理费用”等账户，贷记“库存现金”或“银行存款”账户。

例 7 清河公司 2013 年 1 月向税务机关购买印花税票 7 595 元，以银行存款支付。

【解析】企业向税务机关购买印花税票，记入“管理费用”等账户。

借：管理费用　　　　　7 595.00

　　贷：银行存款　　　　　7 595.00

任务1 房产税、车船税的业务核算和申报

任务描述

滨海市百里香酒业有限公司 2013 年 1 月发生如下有关房产税、车船税业务，请进行房

产税、车船税申报和相关业务会计核算。

【业务 1】10 日，向税务机关申报房产税和车船税。

公司的"固定资产"账户下房产原始价值为 180 万元，面积 1 030m^2，其中生产经营用房 120 万元，面积 710m^2；临街房产 60 万元，面积 320m^2，全部用于出租，每月租金收入 1 万元。滨海市房产价值允许扣除比例为 30%。

公司拥有中型客车 1 辆、小客车 2 辆、载货汽车（自重吨位 5 吨）1 辆、载货汽车（自重吨位 10 吨）1 辆。滨海市车船税规定：中型客车每辆年税额 480 元，小客车每辆年税额 420 元；载货汽车每吨税额 96 元。

【业务 2】12 日，收到银行转来电子缴税回单（略），缴纳房产税 24 480 元、车船税 2 760 元。

任务指导

该公司按如下工作步骤进行房产税、车船税的纳税申报和业务核算工作。

【步骤 1】根据房产、车船资料，计算应缴房产税、车船税，填写税费计算表（见表 5-9）。

表 5-9　税费计算表

2013 年 1 月 10 日　　金额单位：无

税（费）种	计税基数	税（费）率	税（费）额	备注
房产税（自用）	1 200 000×（1–30%）=840 000	1.2%	10 080	
房产税（出租）	10 000×12 =120 000	12%	14 400	
车船税（中型客车）	1	480	480	
车船税（小客车）	2	420	840	
车船税（载货汽车）	15	96	1 440	
合计			27 240	

复核：夏 添　　制表：冯东灵

【步骤 2】根据税费计算表编制记账凭证（见表 5-10）。

表 5-10　简易记账凭证

日 期	凭证		摘　要	会计分录	附件
	字	号			
10 日		略	计提本年房产税、车船税	借：管理费用　27 240 贷：应缴税费——应缴房产税　24 480 ——应缴车船税　2 760	1

【步骤 3】填写纳税申报表。

根据房产税、车船税的计算结果，填写《地方税收纳税申报表（综合）》，如表 5-11 所示。

表 5-11

地方税收纳税申报表（综合）

填表日期：2013 年 01 月 10 日

纳税人税务登记号：340104330663123
纳税人电脑编码：
正常申报☑　自行补报□　更正申报□　延期申报□　　　　计算单位：元（列至角分）· m² · 本 · 份 · 吨

<table>
<tr><td>纳税人名称（盖章）</td><td colspan="5">滨海市百里香酒业有限公司</td><td>注册地址</td><td colspan="5">滨海市沿江二路 1 号</td><td>注册类型</td><td colspan="2">有限责任公司</td></tr>
<tr><td>开户银行</td><td colspan="5">工行沿江支行</td><td>账号</td><td colspan="3">1246248972</td><td colspan="2">联系电话</td><td>83340415</td><td>邮政编码</td><td>505095</td></tr>
<tr><td rowspan="2">征收项目</td><td rowspan="2">征收品目</td><td rowspan="2">税费子目代码</td><td rowspan="2">税款所属时期</td><td rowspan="2">申报计税总额或总数量</td><td rowspan="2">允许扣除金额或数量</td><td rowspan="2">计税金额或数量</td><td rowspan="2">税（征收）率（单位税额）</td><td rowspan="2">速算扣除额</td><td rowspan="2">应纳税（费）额</td><td colspan="2">扣除税（费）额</td><td rowspan="2">实际应缴纳税（费）额</td><td rowspan="2">税务机关已核定额</td><td rowspan="2">车牌号码及类型或房产、土地证号或项目管理码</td></tr>
<tr><td>批准减免额</td><td>批准免缴额</td></tr>
<tr><td>1</td><td>2</td><td>3</td><td>4</td><td>5</td><td>6</td><td>7</td><td>8</td><td>9</td><td>10</td><td>11</td><td>12</td><td>13</td><td>14</td><td>15</td></tr>
<tr><td>房产税</td><td>自用</td><td></td><td>2013.01.01~2013.12.31</td><td>120 000.00</td><td>36 000.00</td><td>840 000.00</td><td>1.2%</td><td></td><td>10 080.00</td><td></td><td></td><td>10 080.00</td><td></td><td></td></tr>
<tr><td>房产税</td><td>出租</td><td></td><td>2013.01.01~2013.12.31</td><td>120 000.00</td><td></td><td>120 000.00</td><td>12%</td><td></td><td>14 400.00</td><td></td><td></td><td>14 400.00</td><td></td><td></td></tr>
<tr><td>车船税</td><td>中型客车</td><td></td><td>2013.01.01~2013.12.31</td><td>1</td><td></td><td>1</td><td>480.00</td><td></td><td>480.00</td><td></td><td></td><td>480.00</td><td></td><td></td></tr>
<tr><td>车船税</td><td>小客车</td><td></td><td>2013.01.01~2013.12.31</td><td>2</td><td></td><td>2</td><td>840.00</td><td></td><td>840.00</td><td></td><td></td><td>840.00</td><td></td><td></td></tr>
<tr><td>车船税</td><td>载重货车</td><td></td><td>2013.01.01~2013.12.31</td><td>15</td><td></td><td>15</td><td>96.00</td><td></td><td>1 440.00</td><td></td><td></td><td>1 440.00</td><td></td><td></td></tr>
<tr><td></td><td></td><td></td><td></td><td></td><td></td><td></td><td></td><td></td><td></td><td></td><td></td><td></td><td></td><td></td></tr>
<tr><td></td><td></td><td></td><td></td><td></td><td></td><td></td><td></td><td></td><td></td><td></td><td></td><td></td><td></td><td></td></tr>
<tr><td>合计</td><td></td><td></td><td></td><td></td><td></td><td></td><td></td><td></td><td>27 240.00</td><td></td><td></td><td>27 240.00</td><td></td><td></td></tr>
<tr><td rowspan="2">房产税附列资料</td><td rowspan="2">房产建筑面积</td><td rowspan="2">1 030 m²</td><td colspan="9">本　期　房　产　原　值</td><td colspan="2" rowspan="2">租金收入</td><td rowspan="2">120 000.00</td></tr>
<tr><td>本期实际房产原值</td><td>1 800 000.00</td><td>从价计税的房产原值</td><td colspan="2">1 200 000.00</td><td>从租计税的房产原值</td><td>600 000.00</td><td>批准减免税的房产原值</td><td>360 000.00</td></tr>
<tr><td colspan="6">如纳税人填报，由纳税人填写以下各栏</td><td colspan="9">如委托代理人填报，由代理人填写以下各栏</td></tr>
<tr><td colspan="6">纳税人声明：此纳税申报表是根据国家税收法律的规定填报的，我确信它是真实的、可靠的、完整的。
声明人签名：顾明伟</td><td colspan="9">代理人声明：此纳税申报表是根据国家税收法律的规定填报的，我确信它是真实的、可靠的、完整的。
声明人签名：</td></tr>
<tr><td colspan="2">主管会计</td><td>夏添</td><td>经办人</td><td colspan="2">冯冬灵</td><td>税务代理机构名称</td><td colspan="3"></td><td>税务代理机构地址</td><td></td><td>经办人</td><td colspan="2"></td></tr>
<tr><td colspan="3">由税务机关填写</td><td colspan="3">受理人签名：　　年　月　日</td><td colspan="4">审核人签名：　　年　月　日</td><td colspan="5">录入人签名：　　年　月　日</td></tr>
</table>

【步骤4】纳税申报和缴税。

纳税人根据税务机关规定，向税务机关报送纸质申报表或者通过网络报税、电话报税等方式报送申报表信息。报税要求和其他税种相同，不再重复。

缴纳税款前，纳税人必须确认其银行账户有足够的存款。税务机关审核纳税申报资料正确无误后，从纳税人的银行账户中扣除税款。

【步骤5】缴税业务核算。

【业务1】12日根据电子缴税回单，编制记账凭证，如表5-12所示。

表5-12　　简易记账凭证

日期	凭证		摘要	会计分录	附件
	字	号			
12日		略	缴纳本年房产税、车船税	借：应缴税费——应缴房产税　24 480 　　　　　　——应缴车船税　2 760 　贷：银行存款　27 240	1

任务2　印花税业务处理

任务描述

2013年1月31日，滨海市百里香酒业有限公司根据下列资料到税务机关购买印花税票。

（1）1月份开设账簿6本，其中记载资金账簿1本，“实收资本”、“资本公积”合计220万元，其他非资金账簿5本。

（2）1月份签订合同共12份，其中产品购销合同10份，记载金额共850万元；借款合同2份，记载金额共200万元。

任务指导

该公司按如下工作步骤办理印花税业务。

【步骤1】计算应缴印花税。

根据开设账簿和签订合同情况，计算本月应缴印花税。

记载资金账簿应缴印花税=2 200 000×0.5‰=1 100（元）

其他账簿应缴税额 = 5×5 = 25（元）

订立购销合同应缴印花税 = 8 500 000×0.3‰ = 2 550（元）

订立借款合同应缴印花税 = 2 000 000×0.05‰ = 100（元）

1月份应缴印花税 = 2 550+100+1 100+25 = 3 775（元）

【步骤 2】购买印花税票和贴花。

纳税人根据应缴印花税的计算结果，以现金或转账形式到税务机关购买印花税票，把印花税票贴在相应的合同、账簿上。

1 月 31 日该公司以银行转账方式到税务局购买印花税票，取得税务机关开出的完税凭证，如图 5-8 所示。

中 华 人 民 共 和 国　　㊞地

税 收 通 用 完 税 证

（2013-1）滨地 2306433804 号

注册类型：有限责任公司　　填发日期：2013 年 01 月 31 日　　征收机关：灵山税务分局

纳税人代码	340104330663123		地址	滨海市沿江二路 1 号		
纳税人名称	滨海市百里香酒业有限公司			税款所属时期	2013.01.01~2013.01.31	
税种	品目名称	课税数量	计税金额或销售收入	税率或单位税额	已缴或扣除额	实缴金额
印花税	销售合同		8 500 000.00	0.3‰		2 550.00
印花税	借款合同		2 000 000.00	0.5‰		100.00
印花税	账簿（资金）		2 200 000.00	5‰		1 100.00
印花税	账簿（非资金）	5		5		25.00
金额合计	（大写）叁仟柒佰柒拾伍元整				（小写）¥3 775.00	
税务机关（盖章）	委托代征单位（盖章）	填票人（章）张伟文	备注	凭证号：2013-1 0418955		

第二联：（收据）交纳税人作完税凭证

图 5-8　完税凭证

【步骤 3】进行会计核算。

根据税收完税凭证，编制记账凭证，如表 5-13 所示。

表 5-13　　简易记账凭证

日期	凭证 字	凭证 号	摘要	会计分录	附件
31 日		略	购买印花税票	借：管理费用　3 775 贷：银行存款　3 775	1

实训体验

【单选题】

1. 关于城建税和教育费附加的纳税期限,下列说法正确的是（　　）。

A. 与增值税、消费税、营业税的纳税期限一致

B. 按月缴纳

C. 按次缴纳

D. 按年计算，分期预缴

2. 某卷烟生产企业某月向税务机关缴纳增值税 200 万元，消费税 800 万元，营业税 50 万元；进口货物向海关缴纳增值税 100 万元。该企业城建税和教育费附加的计税依据是（　　）万元。

A. 1 000　　B. 1 150　　C. 1 100　　D. 以上都不是

3. 教育费附加的征收率是（　　）。

A. 7%　　B. 3%　　C. 5%　　D. 1%

4. 从价计征的房产税，其计税依据是（　　）。

A. 房产原值　　B. 房产余值　　C. 房产净值　　D. 房产市价

5. 印花税对记载资金账簿的计税依据为（　　）。

A. 账簿件数　　B. 实收资本与资本公积合计金额

C. 流动资金的合计金额　　D. 固定资产合计金额

6. 下列车辆，以自重吨数为计税依据的是（　　）。

A. 载客汽车　　B. 电车　　C. 摩托车　　D. 三轮汽车

【多选题】

1. 城建税的计税依据有（　　）。

A. 增值税　　B. 营业税　　C. 企业所得税　　D. 消费税

2. 城建税的税率有（　　）。

A. 7%　　B. 3%　　C. 5%　　D. 1%

3. 下列房产免征房产税的房产是（　　）。

A. 个人自住的房产

B. 学校出租的房产

C. 个人出租的房产

D. 国家机关自用的房产

4. 下列项目适用 0.5‰印花税税率的有（　　）。

A. 加工承揽合同

B. 购销合同

C. 货物运输合同

D. 建设工程勘察设计合同

5. 下列关于车船税纳税地点，正确说法的是（　　）。

A. 车船税的纳税地点为车船的登记地或车船税扣缴义务人所在地

B. 依法不需要办理登记的车船，车船税的纳税地点为车船的所有人或者管理人所在地

C. 跨省、自治区、直辖市使用的车船，纳税地点为车船的登记地

D. 跨省、自治区、直辖市使用的车船，纳税地点为纳税人所在地

【业务题】

1. 地处市区的清河贸易有限公司 2013 年 7 月份实际缴纳增值税 60 000 元，同时缴纳

营业税 30 000 元，没有缴纳消费税。

要求：

（1）计算该公司本月应缴城建税及教育费附加；

（2）2013 年 8 月 3 日，清河公司进行城建税、教育费附加的纳税申报及账务处理。

2. 某工厂坐落在城市，其自用厂房原值为 500 万元，在城市以外的农村还有一个仓库，原值为 50 万元，当地规定允许减除房产原值的 30%。计算该工厂全年应缴纳的房产税。

3. 某公司有机动客车 5 辆，20 吨的机动载货汽车 3 辆。计算该公司应纳的车船使用税税额。该公司适用车船税税率：客车每辆年税额 480 元，货车每吨年税额 96 元。

4. 某公司与建设勘察部门签订建设勘察合同一份，所载金额 50 万元；与施工单位签订建设安装合同一份，所载金额为 100 万元。计算该公司应缴纳的印花税。

5. 根据上述业务，分别编制计提税款，以银行存款缴纳税款的会计分录。